L'islam
expliqué aux enfants

Tahar Ben Jelloun

L'islam
expliqué
aux enfants

Éditions du Seuil

ISBN 2-02-053625-0

© ÉDITIONS DU SEUIL, JANVIER 2002

www.seuil.com

Le 11 septembre
expliqué aux enfants

Les images de la tragédie américaine du 11 septembre 2001 n'ont pas épargné nos enfants. Les commentaires qu'ils ont entendus ici ou là à propos des terroristes et de leur appartenance au monde arabe et musulman les préoccupent et les inquiètent.

Ainsi, une de mes enfants (moins de dix ans) m'a posé cette question :

— Papa, est-ce que je suis musulmane ?

— Oui, comme tes parents.

— Et je suis arabe aussi ?

— Oui, tu es arabe, même si tu ne parles pas cette langue.

— Mais tu as vu à la télévision, les musulmans sont méchants, ils ont tué beaucoup de gens, je ne veux pas être musulmane.

— Que vas-tu faire à présent ?

— À partir de maintenant, je ne refuserai plus de manger du porc à la cantine de l'école.

– Si tu veux, mais avant de renoncer à être musulmane, il faut que je t'explique que ces méchants dont tu parles ne sont pas de vrais musulmans, qu'il y a des méchants partout.

– Mais on a dit qu'ils sont arabes…

– Il ne faut pas mettre tout le monde dans le même sac. Tous les Arabes ne sont pas musulmans. Il y a des Arabes chrétiens au Liban, en Égypte, en Palestine, au Soudan…

– J'ai vu un vieux barbu qui prie comme grand-père et ensuite il prend un fusil et tire sur des images, il est musulman ?

– S'il prie comme ton grand-père, oui.

– Pourquoi ceux qui ont fait ça ne sont pas de vrais musulmans ?

– Allah, comme le Dieu des juifs et des chrétiens, interdit de se tuer soi-même, c'est ce qu'on appelle le suicide. Et il interdit de tuer les autres. Donc, ces gens qui sont montés dans des avions, qui ont tué les pilotes avec un couteau, puis ont dirigé les appareils sur des tours à New York, sont des ignorants de la religion musulmane et ce sont des fanatiques.

– C'est quoi **fanatique** ?

– C'est celui qui pense qu'il a toujours raison, il veut être le plus fort ; si tu n'es pas d'accord avec lui, il devient très méchant.

– L'Amérique n'était pas d'accord avec eux, c'est pour ça qu'ils ont fait tomber l'avion sur la tour ?

– Non, on ne peut pas être d'accord avec eux. Ce qu'ils ont fait est horrible. Personne ne peut l'accepter.

– Que leur a fait l'Amérique pour qu'ils soient si cruels ?

– L'Amérique, plus exactement le gouvernement américain, a commis beaucoup d'erreurs et d'injustices. Il bombarde depuis dix ans les populations irakiennes. Beaucoup d'enfants irakiens sont morts sous ces bombardements. En 1991, l'armée irakienne a envahi le Koweït, son voisin. L'Amérique et d'autres pays sont intervenus et ont fait sortir par la force cette armée du Koweït. Ensuite, l'Irak a été puni par les Nations unies. Mais, en fait, c'est le peuple qui a été puni, pas son chef. Tu vois, c'est compliqué. Ce n'est pas aussi simple que tu crois, surtout que l'Amérique est une grande puissance et qu'elle doit veiller à être juste. Cela dit, rien ne justifie ces massacres.

– Mais est-ce que ce sont des Irakiens qui l'ont attaquée ?

– Non, ce sont des gens qui se disent arabes et musulmans. Pour moi, ce sont des fous.

– Mais pourquoi ils sont fous ?

– À ceux-là, on leur a appris, quand ils étaient petits et qu'ils allaient à l'école coranique, qu'Allah leur demandait de tuer les ennemis de l'islam et qu'ensuite Allah les récompenserait en les installant au paradis.

– Je ne comprends pas, il faut tuer pour aller au paradis ?

– Bien sûr que non ! On le leur a fait croire.

– Et ils le croient ? Dis-moi comment on leur a fait croire ça…

– En leur répétant plusieurs fois la même chose. On leur donne en exemples des soldats morts dans le combat et on cite un verset du Coran qui dit : « Ne dites pas de ceux qui sont tués dans le chemin de Dieu : ils sont morts ! Non ! … Ils sont vivants… » (sourate II, verset 154). Ils finissent par croire ce qu'on leur répète des milliers de fois.

– Mais ils sont très méchants. Ils font mourir des gens pour aller au paradis !

– C'est du mensonge.

– Mais pourquoi leurs chefs leur disent tout ça ?

– Parce qu'ils sont en guerre contre ceux qui ne pensent pas comme eux. Ils n'aiment pas la vie ; alors, ils acceptent de sacrifier la leur à condition d'emporter avec eux le maximum de morts. Ce sont des terroristes.

– Papa, ça veut dire quoi **terroriste** ?

– Dans le mot « terroriste », tu trouves le mot « terreur », c'est-à-dire une très grande frayeur, une très grande peur collective, une épouvante, quelque chose qui fait trembler et paniquer. C'est horrible.

– Je ne comprends pas pourquoi des gens

qui veulent aller au paradis ne partent pas tout seuls. Pourquoi ils tuent et font trembler de peur ceux qu'ils ne tuent pas ?

– Je ne sais pas, mon enfant, je suis comme toi, je n'arrive pas à comprendre comment des jeunes gens, qui ont fait des études, qui ont voyagé dans le monde, qui ont profité de la liberté et du confort de l'Amérique, décident un jour de faire un massacre en sacrifiant leur propre vie. Ils font cela au nom de l'islam. Ils font du mal à leurs familles, à l'islam et aux musulmans. Ce n'est plus de la religion qui est derrière eux, car aucune religion ne pousse à tuer des innocents, et l'islam signifie « soumission à la paix », il ne signifie pas « tuer des innocents ». Alors, c'est une folie que ni toi ni moi ne pouvons comprendre.

– Quand tu étais enfant, tu savais que tu étais musulman ?

– Oui. Je suis né dans une maison où j'ai toujours vu ma mère et mon père faire leurs prières.

– Et toi ?

– Moi aussi, je priais, mais j'étais paresseux, surtout l'hiver quand il fallait se lever tôt et faire sa toilette avec de l'eau glacée. Car, avant toute prière, il est obligatoire de se laver, c'est ce qu'on appelle les ablutions.

– Alors, tu ne te lavais pas ?

– Si, mais mon père remarquait que je le faisais superficiellement et que je n'aimais pas l'eau très froide.

— Qu'est-ce qu'il te disait ?

— Un jour, il nous a réunis, mon frère et moi, et a dit ceci : « Mes fils, vous êtes nés dans l'islam, vous devez obéissance à vos parents et à Dieu. Vous devez, en principe, faire les cinq prières quotidiennes comme vous devez faire le jeûne du Ramadan. En islam, il n'y a pas de contrainte. Personne n'a le droit de vous obliger à faire les prières, ni Dieu ni votre père. Comme dit le proverbe : le jour du Jugement dernier, chaque brebis sera accrochée par sa propre patte. Alors, vous êtes libres, je vous laisse réfléchir, le principal c'est de ne pas voler, ne pas mentir, ne pas frapper le faible et le malade, ne pas trahir, ne pas faire honte à celui qui n'a rien, ne pas maltraiter ses parents et surtout ne pas commettre d'injustice. Voilà, mes fils, le reste, c'est à vous de voir. J'ai fait mon devoir. À vous d'être des fils dignes. »

— Et alors ?

— J'ai baisé sa main comme je le faisais chaque matin, et je me suis senti libre. J'ai compris ce jour-là que je pouvais être musulman sans pratiquer avec une grande discipline les règles et les lois de l'islam. Je me souviens aussi de ce que nous disait le maître d'école coranique : « Dieu est miséricordieux ! » Il répétait : « Louanges à Dieu le tout miséricordieux », c'est-à-dire qu'il sait pardonner.

– Mais, dis-moi, tu fais ta prière ou pas ?

– C'est une question qu'on ne doit pas poser ; on ne doit pas répondre à ce genre de question parce qu'elle relève de la liberté de la personne. Si je prie, cela ne regarde que moi. Si je prie, ce n'est pas pour montrer aux gens que je suis un bon musulman. Certains vont à la mosquée pour y être vus, d'autres parce qu'ils accomplissent sincèrement leur devoir de croyants.

– Papa, j'ai peur, je n'arrive pas à dormir.

– Ne t'en fais pas.

– J'ai entendu dire qu'il y aura la guerre.

– Quelle guerre ?

– Je ne sais pas. Même à l'école on nous a dit qu'il faut faire attention : si on voit un sac oublié dans un coin, on appelle la maîtresse, je ne sais pas, j'ai peur.

– Ne t'en fais pas, la vie est belle malgré tout !

2e jour

J'ai imaginé ce qu'aurait donné cette discussion si je l'avais poursuivie avec des enfants dont l'âge varierait entre dix et quinze ans.

J'ai deviné leurs questions, leur inquiétude, leur impatience. Alors je raconte l'islam et la civilisation arabe à mes enfants nés musulmans, à tous les enfants quels que soient leur pays, leur origine, leur religion, leur langue et aussi leurs espérances. Ceci n'est surtout pas un prêche, ni un plaidoyer. Je ne cherche pas à convaincre, je raconte le plus objectivement et le plus simplement possible l'histoire d'un homme devenu prophète, l'histoire aussi d'une religion et d'une civilisation qui ont tant apporté à l'humanité. J'ai relu le Coran, j'ai consulté des livres de spécialistes, j'ai cherché dans l'Encyclopédie de l'islam, et j'ai essayé de restituer en quelques pages quinze siècles d'histoire dans l'espoir d'aider à comprendre, ne serait-ce qu'un peu, ce qui se passe aujourd'hui.

– Papa, je n'ai pas bien compris ce qu'est l'islam. Je suis musulmane, mais cela veut dire quoi ?

– Je profite de cette occasion pour m'adresser à toi et à tous les enfants qui ont envie de savoir. Je vais vous raconter l'histoire de cette religion comme un conte.

Il était une fois, il y a très longtemps, il y a plus de mille quatre cent trente ans, vers l'an 570, un petit garçon naît à La Mecque, une ville située dans le désert de l'Arabie. Il s'appelle Mohammed. Il n'a pas connu son père, mort avant sa naissance. Il n'ira pas à l'école. Il grandira sans savoir ni lire ni écrire. Les gens vivaient de pâturage et du commerce qui se faisait par les caravanes qui traversaient le pays de ville en ville. La Mecque était un centre commercial important. Les caravanes qui venaient du nord, de l'est ou du sud passaient par La Mecque. Non loin de là, il y a la ville de Djeddah, qui est un port.

– Comment appelle-t-on les habitants de cette région ?

– Des Arabes. C'étaient des Bédouins, des caravaniers, des nomades. Ils vivaient sous des tentes.

– Que veut dire **Bédouins** ?

– Ce sont les premiers habitants de l'Arabie.

Dans ce mot, on trouve le verbe arabe *bada'a* qui signifie « apparaître ». Les Bédouins sont les peuples premiers. Ils ont vécu dans le désert ou dans les campagnes.

— Et « nomades » ?

— Ce sont ceux qui se déplacent, qui n'ont pas une habitation fixe. Justement, les Bédouins étaient de petites communautés qui voyageaient tout le temps à la recherche de pâturages et de sources d'eau. Ils se déplaçaient à dos de chameaux.

— Le petit Mohammed est né là. Que faisait sa mère ?

— Elle s'appelait Amina ; elle est morte aussi quand il était enfant, il avait moins de six ans. Il a donc été orphelin très tôt. Il a été élevé par une nourrice, Halima. C'est son grand-père qui s'est occupé de son éducation. Mohammed a grandi dans La Mecque avec ses oncles, qui étaient les gardiens de la Kaâba, une bâtisse cubique où se trouve une pierre célèbre, la Pierre noire, sur laquelle le prophète Abraham, l'Aimé de Dieu, aurait posé son pied. C'est une pierre sacrée. Les habitants de l'Arabie venaient une fois par an à La Mecque pour essayer de toucher cette pierre. Cela s'appelle un pèlerinage. Mais, dans cette région, il y avait des chrétiens et des juifs, c'est-à-dire des Bédouins qui croyaient en un seul Dieu. La religion juive, qu'on appelle judaïsme, existe depuis 5 762 ans ; la religion chrétienne depuis 2001 années. À l'époque, ils n'étaient pas nombreux dans cette région. Les autres adoraient des statues, des pierres…, ce qu'on appelle des « idoles ». Il paraît qu'il y avait à la Kaâba trois cent soixante idoles. Tous les Arabes n'adoraient pas les idoles. Certains parmi eux croyaient en la puissance de la nature, à la force de la lumière, à la force du vent, à la mémoire des ancêtres, c'est-à-dire ceux qui ont vécu avant eux…

— Que va faire Mohammed ?

— Après les premières années passées avec sa nourrice, il vit ensuite avec son oncle Abou Talib, un homme pauvre mais très droit et bon. Mohammed le considère comme son père. Il apprend avec lui la fidélité, l'honnêteté et la bonté. À vingt-cinq ans, Mohammed travaillera chez une femme, riche et veuve, Khadija. Elle est plus âgée que lui ; elle a quarante ans. Elle possède plusieurs caravanes. Il l'épouse ; ils auront trois garçons et quatre filles. Malheureusement, les garçons ne survivront pas.

— Pourquoi a-t-il épousé une femme plus âgée que lui ?

— C'est le destin. Elle était propriétaire de caravanes et confiait de plus en plus de travaux au jeune Mohammed. Un jour, elle lui a proposé d'être plus qu'un homme à son service. Il a accepté.

— Est-il resté proche de l'oncle qui l'a élevé ?

– Oui. Le fils d'Abou Talib, Ali, né vers l'an 600, est très proche de Mohammed, il est son cousin mais également son ami. Ali jouera un rôle très important à la mort de Mohammed.

– Comment Mohammed va-t-il devenir le chef d'une religion ?

– Il ne le savait pas à l'avance. C'était un homme discret et sensible. Il devait se sentir différent des autres. Il avait l'habitude d'aller dans les montagnes aux environs de La Mecque et de se retirer dans une grotte pour penser et réfléchir à la vie, à la nature, au Bien, au Mal. Il méditait.

– Cela veut dire quoi « méditer » ?

– C'est réfléchir profondément, espérer trouver un sens à la vie. Il y a longtemps, ce verbe signifiait « soigner un malade ». Mohammed devait chercher dans le silence et la solitude un remède à la vie où certains sont pauvres et d'autres riches, certains en bonne santé, d'autres faibles et malades.

– Mais qu'est-ce qu'il pouvait faire pour les gens malheureux ?

– Il pensait et cherchait le moyen de les rendre moins malheureux. Un jour, ou plutôt une nuit, alors qu'il se trouvait dans une grotte du mont Hira, il a eu une vision, c'est-à-dire qu'il a vu devant lui une très forte et belle lumière ; c'était un ange important qui lui ordonna de lire. Il lui dit : « Lis. » Mais Mohammed, qui avait à cette époque quarante ans, lui répondit : « Je ne peux pas lire ! » N'oublions pas qu'il n'était pas allé à l'école, et il ne savait donc ni lire ni écrire. Alors l'ange, qui s'appelle Gabriel, lui demanda de répéter après lui : « Lis au nom de ton Seigneur qui a créé ! Il a créé l'homme d'adhérence. Lis. Car ton Seigneur est le Très Généreux ; Il a instruit l'homme au moyen du calame et lui a appris ce qu'il ignorait. » Mohammed, ému et tremblant, répéta ces phrases après l'ange Gabriel.

– Que signifie **adhérence** ?

– Le mot arabe est *'alaq*, qui veut dire « matière gluante ». Certains ont traduit ce mot par « caillot de sang ». En vérité, il s'agit du liquide visqueux formé par les spermatozoïdes ; on l'appelle « sperme ». C'est grâce aux spermatozoïdes que les êtres humains se reproduisent.

– Que veut dire « calame » ?

– C'est le roseau qui sert à fabriquer un crayon ou une plume pour écrire.

– Que fit-il après cette visite ? A-t-il eu peur ?

– Il était très inquiet. Mohammed était un homme simple, mais il était intelligent et avait peur de tomber dans un piège tendu par le démon. Alors en rentrant chez lui, il se confia à sa femme, Khadija. Elle alla voir un savant chrétien de La Mecque, Waraka Ibn Nawfal, et lui demanda son avis sur ce qui venait de se passer et un conseil. Cet homme, sage et cultivé, lui dit que Mohammed était le prophète qu'on attendait. Dieu devait envoyer aux humains un messager, ce serait le dernier, un homme qui allait parler à ses semblables et leur apprendre ce que la lumière vive lui dicterait.

– Pourquoi Dieu ne parle-t-il pas directement aux hommes ?

– Il a préféré choisir un homme simple et bon pour lui transmettre ses messages et le charger de les répéter à ses semblables. Mohammed, grâce à cette lumière vive et magnifique, a eu la Révélation.

– C'est quoi une **révélation** ?

– Quelque chose qui se montre et devient évident, c'est comme la vérité quand on la cherche et qu'elle apparaît, on dit « la vérité s'est révélée ». Mohammed va annoncer la parole de Dieu ; elle sera recueillie durant plusieurs années par des compagnons et des amis, ce qui va constituer un livre, le livre des musulmans, le Coran.

– Que signifie le mot « Coran » ?

– Ce mot vient du verbe arabe *qaraqa*, qui veut dire « lire, réciter ». Durant vingt-trois ans, Mohammed reçoit phrase par phrase ce livre unique dans son genre ; on dira plus tard verset par verset, puis sourate par sourate, c'est-à-dire des chapitres. Ce sera toujours par l'intermédiaire de l'ange Gabriel, qui se présente à lui sous la forme d'une grande lumière éblouissante, que le message de Dieu parviendra à Mohammed.

– Qu'est-ce que Gabriel disait à Mohammed ?

– Il lui disait qu'il n'y a qu'un Dieu, tout-puissant et très miséricordieux. Il lui disait qu'il faut être fidèle à la parole de Dieu, qu'il faut croire en son message, qu'il y a une autre vie après la mort, que l'homme sera jugé selon ses actes et que chaque membre du corps humain devra témoigner sur ce qu'il a fait durant la vie, que les hommes bons et justes seront récompensés en allant au paradis et que les autres, les mauvais, les incroyants, les criminels, seront jugés et envoyés en enfer. Il lui disait qu'il faut faire le Bien et éviter le Mal, qu'il faut être sage et croyant, qu'il ne faut surtout pas adorer des pierres et croire qu'il y a d'autres dieux que Dieu.

– Mais notre maîtresse, qui est chrétienne, nous apprend la même chose !

– Tu sais, comme je te l'ai dit, qu'avant l'arrivée de la religion de Mohammed, il y avait deux autres religions : le judaïsme et le christianisme. Toutes les deux adorent un seul Dieu. Elles aussi ont eu des prophètes : Moïse et Jésus. Les juifs, les chrétiens et les musulmans doivent former « une seule communauté avec les croyants ». L'islam est venu se joindre à ces deux religions. On les appelle les religions monothéistes ou les religions du Livre. Le livre des juifs, c'est la Thora ; celui des chrétiens, c'est la Bible ; et celui des musulmans, c'est le Coran.

– Mono… je sais ce que ça veut dire : un seul !

– Oui, tout à fait. Monothéiste veut dire un seul Dieu.

– Alors si nous avons le même Dieu, pourquoi les musulmans et les juifs se font-ils la guerre ?

– Tu confonds ; les musulmans et les juifs se disputent la même terre, mais ce n'est pas une guerre de religion. L'islam reconnaît les prophètes des juifs et des chrétiens.

– Comment les reconnaît-il ?

– Les musulmans qui doivent adoration et amour à leur prophète, Mohammed le messager de Dieu, doivent le même respect à Moïse et à Jésus. N'oublie pas que l'islam est arrivé six siècles environ après Jésus. Donc, c'est la dernière religion monothéiste de l'histoire de l'humanité.

– Que pensent les chrétiens des musulmans ?

– Ce serait long à raconter. Mais sache qu'en 1965 a eu lieu au Vatican, à Rome, c'est-à-dire là où vit le pape, une réunion de gens importants de l'Église, qui ont reconnu qu'« il y avait des valeurs précieuses dans l'islam ». Cette réunion s'appelle « le concile Vatican II ».

– Explique-moi pourquoi on a appelé ce qui

est arrivé à Mohammed, islam, ou religion musulmane?

– Dans le mot « islam », il y a le mot *salam*, qui veut dire « paix ». L'islam, c'est la soumission de l'homme à la paix, la soumission à un Dieu unique, un Dieu à qui on doit obéissance, fidélité et loyauté.

– Comment obéir à quelqu'un qu'on ne voit pas?

– Quand j'étais petit, on me disait que Dieu savait tout, entendait tout, voyait tout. Je demandais à ma mère : « Même moi, si petit, si chétif, il m'observe et me voit? »; elle me répondait : « Justement, il est tout-puissant, il te voit et, si tu fais des bêtises, il ne sera pas content. » Un jour, j'ai volé un gâteau et je me suis enfermé dans un coffre pour le manger. Je me disais : « Dieu ne me verra pas! » J'ai eu mal au ventre parce que j'avais avalé le gâteau sans le mâcher!

– Si tu es bien caché, Dieu ne peut pas te voir!

– Justement non, Dieu a le pouvoir de voir même ce qui est caché.

– Les gens qui sont méchants, qui font la guerre et en même temps la prière et disent qu'ils adorent Dieu, ce sont des menteurs.

– Dieu les appelle les « hypocrites ». Dieu a adressé à Mohammed tout un chapitre sur les hypocrites. Il les condamne.

– Explique-moi le mot **hypocrite**.

– On dit que c'est celui qui a deux visages, il trahit la vérité en te faisant croire qu'il dit la vérité. L'hypocrite est un traître et un menteur.

3e jour

– Revenons à l'histoire de la naissance de l'islam.

– Mais, avant de continuer, quelle langue parlait l'ange, tu sais la lumière formidable qui entourait Mohammed ?

– La langue arabe.

– Donc, Dieu est arabe !

– Non, il n'est ni arabe, ni chinois, ni africain, ni indien. Dieu est le dieu de tous les hommes sans exception. Il ne fait pas de différence entre les êtres humains. C'est ce que dit son message.

– Alors, pourquoi il n'a pas parlé en anglais, puisque c'est la langue que parle presque tout le monde ?

– Il a parlé la langue du pays où se trouvait son messager, Mohammed. Je t'ai dit que Mohammed vivait en Arabie et qu'il parlait la langue arabe. De ce fait, les Arabes considèrent que leur langue est celle de Dieu.

– Cette langue est la même que celle de mes grands-parents au Maroc ?

– Pas tout à fait. Au Maroc, on parle un arabe

dit dialectal, par opposition à l'arabe des livres, celui dit classique ou littéraire. Mais quand tes grands-parents prient, ils récitent des versets du Coran en arabe classique.

– Et les musulmans qui ne sont pas arabes, comment font-ils ?

– Ils apprennent par cœur des prières et les disent sans comprendre tous les mots qu'ils utilisent. En principe, ils en connaissent le sens. Ceux qui ne sont pas arabophones lisent le Coran traduit dans leur langue.

– Comment Mohammed a-t-il fait pour que les gens croient son histoire ?

– Après sa femme, qui avait tout de suite compris qu'il disait vrai, ce fut son cousin Ali qui lui donna raison et se convertit à l'islam, ensuite ce fut Abou Bakr, son meilleur ami, un homme très respecté, puis son fils adoptif Zayd, puis Bilal, le serviteur noir d'Abou Bakr. Bilal était un esclave. Mohammed l'a affranchi, c'est-à-dire qu'il lui a rendu la liberté et, parce qu'il avait une très belle voix, il l'a désigné pour faire l'appel à la prière cinq fois par jour. Il est le premier **muezzin** de l'islam. Après, il faudra attendre quelques années et aussi se battre pour que les membres de sa tribu le rejoignent.

– Il y avait des esclaves ?

– Oui, l'esclavage a existé dans toutes les sociétés. Mohammed en affranchissant Bilal a donné l'exemple afin que tous ceux qui avaient des esclaves fassent comme lui. Malheureusement, ils ne l'ont pas suivi.

– Les gens n'étaient pas d'accord avec lui ?

– Non, pas tous les gens. Il sera combattu même à l'intérieur de sa tribu.

– Il ne faisait pas de mal, n'est-ce pas ?

– Non, c'était un homme bon mais, comme dit la chanson, « les gens n'aiment pas qu'on suive une autre route qu'eux ».

– Il leur disait de faire le Bien et de ne pas trahir…

– Oui, mais il faut que tu comprennes, avant cette histoire de révélation, avant que Mohammed ne devienne un messager de Dieu, les gens d'Arabie faisaient ce qu'ils voulaient, ils n'avaient pas de règles strictes à respecter ; en outre, ils croyaient que des statues de pierre étaient des dieux. Mohammed arrive et leur dit : Dieu est Vérité, Dieu est Justice, Dieu est Esprit, il faut pour vivre ensemble une morale, une spiritualité, il faut adorer Dieu qui n'est pas matérialisé dans un objet, il y a l'enfer et le paradis, les biens de ce monde ne sont pas importants, il faut prier cinq fois par jour, il faut méditer et croire en un Dieu qui est très miséricordieux, etc.

– Les gens ne vont pas le croire…

– Non, ils ne le croient pas tout de suite. C'est quelqu'un qui bouleverse leurs habitudes. Alors, ils le combattent. C'est là que Dieu les condamne dans un verset du Coran (sourate IX, verset 5) : « Tuez les idolâtres partout où vous les trouvez. Saisissez-les, assiégez-les, mettez-vous en embuscade pour les prendre. Mais, s'ils se repentent, s'ils sont fermes dans leurs prières, s'ils donnent l'aumône, laissez-les aller leur chemin. En vérité, Allah pardonne ; il est compatissant. »

— Les idolâtres, ce sont ceux qui ne croient pas en un seul Dieu, n'est-ce pas ?

— Ce sont des polythéistes ; ils croient en plusieurs dieux, des pierres, des idoles en pierre.

— Que va faire Mohammed ?

— Mohammed va connaître un moment très difficile : en l'an 620, il perd sa femme ainsi que son père adoptif, son oncle Abou Talib. Il se retrouve seul pour lutter contre les gens de sa tribu qui cherchent à le tuer. Avec Abou Bakr et Ali, il quitte La Mecque. Ils se réfugient dans une grotte pour échapper aux hommes armés qui les poursuivent afin de les éliminer. En islam, il n'y a pas de miracle comme dans les deux autres religions, mais on raconte que l'entrée de cette grotte a été fermée par une toile d'araignée qui a pu protéger Mohammed et ses deux compagnons.

— Je comprends à présent pourquoi tu me dis de ne pas tuer les araignées ! C'est un animal sacré !

– En tout cas, grâce à cette toile tissée, le prophète a été sauvé. Ensuite, il partira dans une autre ville, Médine, où il sera en sécurité. À partir de cette date, 622, commence l'ère musulmane. On appellera cette année, l'an 1 de l'Hégire. Aujourd'hui, nous sommes en l'an 1422 de l'Hégire.

– C'est quoi l'**Hégire** ?

– Le mot vient du verbe *hajara*, qui signifie « émigrer », partir dans une autre ville ou un autre pays.

– Donc, Mohammed est un émigré !

– Oui, il a été obligé de s'enfuir pour continuer à recevoir et à transmettre les messages de Dieu. L'ère musulmane commence. Le calendrier suivra l'apparition de la lune. C'est pour cela qu'on ne sait jamais à l'avance la date précise du commencement du mois. À partir de Médine, l'islam va peu à peu s'organiser et instaurer ses cinq préceptes appelés « les cinq piliers de l'islam ». « Pilier » veut dire fondation, ce qui soutient une maison.

– C'est quoi **préceptes** ?

– Cela signifie des règles, des commandements, des ordres.

– Alors, quelles sont les règles des musulmans ?

– Elles sont cinq, et quand elles sont respectées, cela fait de toi un ou une musulmane. La première règle, c'est la **chahada**, l'attestation de la foi, c'est-à-dire que tu dois accepter au fond de toi-même l'idée qu'il n'y a qu'un Dieu, Allah, et que Mohammed est son messager. Il faut prononcer cette phrase. C'est celle que tout musulman dit au moment de mourir. On dit : il témoigne. Il lève l'index de la main droite et dit : « J'atteste qu'il n'y a de Dieu qu'Allah, et Mohammed est son messager. »

— Peux-tu la dire en arabe ?

— « *Ach hadou anna lâ Illaha illa Allah wa anna Mohammed Rassoul Allah.* »

— Peut-on la dire même quand on ne va pas mourir ?

— Bien sûr.

— Tu la dis souvent ?

— Cela m'arrive.

— Comment faire pour en être sûre ?

— C'est ce qu'on appelle la foi, c'est-à-dire que tu as une certitude, une évidence ; personne ne peut réussir à te démontrer le contraire de ce que tu crois. Pour les musulmans, il faut la dire et surtout ne pas en douter.

— Il faut la dire en arabe ou dans n'importe quelle langue ?

— Qu'importe la langue ? Ce qui compte, c'est que tu sois convaincue par ces paroles.

— Supposons que je ne sois pas convaincue, que se passe-t-il ?

— Tu n'es pas musulmane. C'est tout.

— Deuxième règle ?

– La **prière**. Il y en a cinq par jour : la première est celle du lever du soleil ; la deuxième, celle du soleil quand il est au zénith ; la troisième, celle du milieu de l'après-midi ; la quatrième, celle du coucher du soleil ; et la dernière, celle de la nuit. Toutes ces prières sont faites en direction de La Mecque.

– Est-on obligé de les faire au moment où l'appel à la prière est lancé ?

– En principe, oui. Si on travaille, si on est malade, on peut les faire plus tard. Si on est handicapé, on peut les faire mentalement.

– Tu as déjà parlé des **ablutions**, peux-tu préciser pourquoi et comment on les fait ?

– Quand on prie, on est censé s'adresser à Dieu, donc il faut être propre ; les ablutions sont la toilette qu'on fait juste avant de prier. Mais, attention, il y a deux sortes d'ablutions : les ablutions complètes, qui consistent à laver tout le corps après un rapport sexuel, et les ablutions simples, qui consistent à se laver le visage, les avant-bras, les mains et les pieds.

– Si on doit se laver cinq fois par jour, on doit être le champion de la propreté !

– Tu as raison. Mohammed disait que la bonne hygiène vient de la foi.

– Qu'est-ce qu'on récite dans les prières ?

– On glorifie Dieu et son prophète. On récite la première sourate du Coran.

– Celle où l'ange dit à Mohammed : « Lis » ?

– Non. Le Coran n'est pas écrit dans l'ordre des versets révélés. Le Coran commence par une sourate courte qui s'appelle « la Fatiha », « l'ouverture ». À chaque prière, on célèbre et glorifie non seulement le prophète Mohammed, mais aussi les autres prophètes : Abraham, Moïse et Jésus. On les appelle en arabe : Ibrahim, Moussa et Issa.

– Le troisième pilier ?

– C'est le jeûne durant le mois de **Ramadan**. Le musulman doit s'abstenir de manger et de boire du lever au coucher du soleil durant un mois. Il fait ainsi l'apprentissage de la faim et de la soif et met à l'épreuve sa volonté de résister aux tentations et sa capacité de méditer sur la vie et l'Au-delà. C'est un mois où il doit se consacrer au recueillement, à la prière et à un examen de sa conduite dans la vie. La fin du Ramadan est marquée par une fête appelée *Aïd Seghir*.

– Tout le monde doit s'arrêter de manger et de boire ?

– Non. Les enfants qui n'ont pas encore atteint l'âge de la puberté et les personnes malades ne doivent pas faire le jeûne. Ni les femmes quand elles ont leurs règles.

– L'autre pilier ?

– L'aumône qu'on appelle **zakat**. C'est une partie de l'argent que le croyant a gagné dans l'année ; il le distribue aux pauvres, aux nécessiteux, et cela doit se faire discrètement, il ne faut pas s'en vanter ni désigner les pauvres en vue de les humilier. Il faut aider les gens en difficulté.

L'autre pilier, règle ou précepte, c'est le pèlerinage à La Mecque, dit **Al Hajj**. (Ceux qui n'ont pas les moyens matériels ou physiques peuvent ne pas l'accomplir.) Le musulman fait le voyage jusqu'à La Mecque et Médine pour se recueillir sur la tombe du prophète Mohammed et tourner autour du temple, la Kaâba, en essayant de toucher de la main la fameuse Pierre noire. Le pèlerinage a lieu tous les ans au moment de l'Aïd al Adha, plus connu sous le nom de « fête du mouton », autrement dit la fête qui célèbre le sacrifice d'Abraham, tu sais l'Aimé de Dieu, celui qui a failli sacrifier son fils ; alors Dieu lui envoya un agneau à égorger à la place de son fils. C'est une fête très populaire. Pour beaucoup de gens, c'est l'occasion de manger de la viande.

– Ne pas manger du porc, c'est aussi une règle ?

– L'islam dit qu'il ne faut pas manger la viande de porc parce que cet animal se nourrit de tous les déchets qu'on jette aux ordures.

– Mais, aujourd'hui, les cochons sont élevés proprement, comme les moutons.

– Oui, mais il est très difficile de revenir sur une loi religieuse. L'autre interdit concerne l'alcool. Il y a eu trois versets, révélés à différentes époques, pour interdire la consommation des boissons fermentées. L'homme qui s'enivre perd le contrôle de lui-même. Or l'islam insiste sur la maîtrise de soi et aussi sur la liberté de l'homme, ce qui le rend responsable.

— Ne pas boire d'alcool, est-ce être libre ?

— La liberté consiste à donner le choix à l'être humain. L'homme peut boire ou s'abstenir de boire. Mais s'il boit et devient ivre, il est seul responsable de ce qu'il fait.

— Y a-t-il d'autres choses interdites ?

— Oui, le jeu avec l'argent ; réaliser des intérêts avec l'argent. Ces interdits sont moins suivis ; ils sont considérés par les gens comme étant moins graves que les autres. Il faut ajouter à ces interdits le fait qu'une musulmane n'a pas le droit d'épouser un non-musulman, à moins que ce dernier ne se convertisse à l'islam.

— Mais les hommes peuvent épouser des non-musulmanes, je suppose !

— Oui, ils ont le droit de se marier avec des non-musulmanes.

— Ce n'est pas juste.

— C'est à cause du nom, qui est transmis par le père. Il s'agit d'une société où domine le patriarche, c'est-à-dire le chef de la famille. On dit que c'est une société patriarcale. La femme est de ce fait soumise, dépendante de l'homme, donc influençable. Si elle épouse un non-musulman, elle risque d'être perdue pour l'islam, et ses enfants risquent aussi d'être élevés dans la religion du père.

4ᵉ jour

– C'est à partir de Médine, où Mohammed s'est réfugié, où il se sent en sécurité, qu'il va organiser son combat pour que le maximum de gens deviennent musulmans, pour qu'existe une communauté solidaire de gens réunis autour de la foi en un Dieu unique. Mohammed se battra contre les tribus qui menaçaient les musulmans, et fera en sorte que même ses ennemis finissent par se convertir à l'islam, comme Abou Soufyan, le chef d'une tribu qui l'avait combattu. Mohammed apparaît, d'après les récits des témoins de l'époque, comme un homme d'action, un chef militaire et un chef politique. Il y eut deux batailles importantes : Badr, puis Ohod. Avec lui, la notion d'*Oumma islamiya* prend naissance. La Oumma, c'est la communauté, l'ensemble des musulmans. En l'an 632, Mohammed vient à La Mecque effectuer le pèlerinage autour de la Kaâba. On raconte qu'en partant il se serait tourné vers la Kaâba et aurait dit : « Que ce temple est beau ! Il n'y a de plus grand et de plus beau que la dignité de l'homme ! »

– C'est quoi la **dignité** ?

– C'est le respect de soi-même, le sentiment d'être fidèle aux valeurs et qualités qui font qu'on est fier d'être un homme. Au contraire, l'indignité, c'est la bassesse, l'absence de toute valeur, c'est le fait de renoncer à être un homme juste et courageux. Le prophète mettait la dignité au-dessus de la beauté de la Kaâba. C'est dire l'importance qu'il donnait à cette qualité que doit posséder tout être humain.

– Que s'est-il passé ensuite ?

– Il a senti que Dieu allait le rappeler à lui et que sa mission était terminée. Il est reparti à Médine, où il est mort le 8 juin 632.

– Qui l'a remplacé ?

– Personne. C'était un prophète, le dernier messager de Dieu sur terre. Dieu l'a envoyé aux hommes, puis l'a rappelé à lui. Son ami et compagnon Abou Bakr dirigea la prière au nom de tous les musulmans. Il sera élu par une partie de la population comme « calife », c'est-à-dire le chef des musulmans qui suivent les règles laissées par Mohammed. Ce sont des musulmans dits **sunnites**. D'autres lui préféreront Ali, le cousin de Mohammed. Ceux-là, ce sont des **chiites**. Ils se sont opposés aux sunnites quand Ali a voulu devenir calife. Aujourd'hui, les chiites représentent 10 % des musulmans dans le monde. Ils se distinguent des sunnites par le fait qu'ils se donnent des représentants appelés « mollahs ».

– J'ai vu à la télévision des musulmans se frapper la poitrine, c'est normal ?

– Ce sont des chiites, ils expriment leur peine en se faisant mal.

– Quelle peine ?

– Lorsque leur chef, Hussein, un des fils d'Ali, a été tué le 10 octobre 680 dans la bataille de Karbala, les chiites se sont sentis coupables de ne pas l'avoir protégé et sauvé. C'est pour cela que, tous les ans, ils célèbrent cette date pour exprimer le deuil. Certains exagèrent en se punissant eux-mêmes et en se frappant violemment, parfois jusqu'au sang.

À partir de ce moment, l'islam va se répandre dans la région et au-delà. Une vingtaine d'années après la mort de Mohammed, Othman, le troisième calife, réunit les 114 chapitres (sourates) qui constituent le Coran, le livre sacré, livre saint et parole divine.

– As-tu lu le Coran ?

– Quand j'avais ton âge, et même avant d'aller à l'école primaire, je suis allé pendant deux ans à l'école coranique où on nous faisait apprendre le Coran par cœur. Même si je ne savais pas encore lire, j'apprenais les versets les uns après les autres. Je les récitais le lendemain ; si je me trompais, je recevais un coup de bâton.

– Et tes parents ne disaient rien ?

– Ils ne le savaient pas. Je faisais des efforts

tous les soirs pour me remémorer les versets à réciter le lendemain.

– Tu comprenais ce que tu apprenais par cœur ?

– Pas tout. Je savais qu'il fallait adorer Allah, Dieu unique, qu'il fallait faire le Bien, ne pas mentir, ne pas voler, obéir à ses parents, respecter le maître d'école, faire la prière, sinon Dieu nous punit. Parfois j'avais peur, surtout quand Dieu parle de l'enfer et du jour du Jugement dernier. Mais juste après, il y a des versets où on rappelle que Dieu est miséricordieux et pardonne à ceux qui se sont égarés.

– Qu'est-ce qui t'a fait le plus peur ?

– Quand le maître de l'école coranique nous a décrit ce qu'attend un homme qui se donne la mort, qui se suicide, c'est-à-dire qui défie la volonté divine. Tu sais, quelqu'un qui se tue en se brûlant refera ce geste éternellement en enfer. Celui qui se jette d'un immeuble se jettera à l'infini. C'est horrible ! Ceci est valable si l'on est croyant.

– Donc, pour parler de ce qui se passe aujourd'hui, Dieu punira ceux qui ont tué les Américains ?

– Je crois.

– Pourquoi, tu n'en es pas sûr ? Tout ce que tu m'as raconté, ce ne serait pas vrai ?

– Tout ce que je t'ai raconté est vrai, cela fait partie de l'histoire de l'humanité. Concernant

Dieu, il arrive parfois à l'homme de se poser des questions, surtout quand il voit les souffrances, les injustices, la misère qui règnent dans le monde. Les chrétiens disent que « Dieu est Amour », les musulmans disent que « Dieu est Justice ; Dieu est Vérité », alors quand le monde est déchiré par des guerres, quand des jeunes gens renoncent à la vie, se sacrifient en tuant des personnes innocentes, au nom de l'islam, alors on se pose des questions. C'est normal de se poser des questions. Il n'y a que les animaux qui ne doutent pas.

— Que veut dire « douter » ?

— La foi religieuse est une croyance. Croire, c'est accepter, faire confiance à la parole proposée et lui rester fidèle. Les religions ne supportent pas le doute ni le rire. Or le doute est le fait de ne pas croire aveuglément, c'est introduire la raison dans ce qui est du domaine de la croyance. Douter, c'est poser des questions et espérer des réponses justes. Or la logique et la croyance ne vont pas ensemble.

— Et toi, es-tu croyant ?

— Quand on a une pensée logique, il n'est pas facile d'être un croyant comme l'imaginent les gens qui ont la foi. Disons, pour répondre à ta question, que je crois qu'il existe une spiritualité, quelque chose de mystérieux et de beau à la fois et qui m'intimide beaucoup. On peut l'appeler Dieu. Je me sens tout petit devant l'immensité de l'Univers, et je ne suis pas capable de tout comprendre. Comme a dit un philosophe : « L'intelligence, c'est l'incompréhension du monde. »

– Je n'ai rien compris.

– Il faut se méfier des gens qui prétendent apporter des réponses à toutes les questions que l'homme se pose. Justement, les fanatiques disent que la religion répond à toutes les interrogations du monde. C'est impossible.

– Et l'islam ?

– Tu sais que cette religion a donné au monde une belle civilisation, une très grande culture. Ce qui est propre à cette religion, c'est qu'il n'y a pas de prêtre, d'évêque, de pape. Il n'y a pas d'intermédiaires entre le croyant et Dieu.

– Je sais que, chez les catholiques, il y a des prêtres qui n'ont pas le droit de se marier !

– Oui. Je trouvais étrange que mes copains du lycée aillent le dimanche se confesser à l'église devant un prêtre. Je leur disais : « Mais c'est avec Dieu que vous devez discuter, et c'est à lui que vous devez demander pardon si vous avez commis quelque chose de mal. » Ils me répondaient que c'était leur tradition.

– Donc, en islam, il n'y a pas de confession.

– Non. Avant qu'elle ne soit injuriée comme elle l'est aujourd'hui par des gens devenus fous ou par des ignorants, la civilisation islamique a été durant trois siècles, entre le IXe et le XIe siècle, au plus haut niveau du progrès et de la culture dans le monde.

5e jour

– Pour te raconter cette époque magnifique, dite l'**Âge d'or des Arabes**, et avant d'en arriver à la situation actuelle, qui, comme tu l'as remarqué, est particulièrement mauvaise pour les pays arabes et musulmans, je te demanderai d'imaginer un rêve, d'entrer dans un monde merveilleux où règnent la paix, la sagesse, l'harmonie entre les personnes, la curiosité pour tout ce qui est différent, un monde où les enfants sont heureux d'aller à l'école parce qu'ils ne font pas qu'apprendre par cœur des versets du Coran, mais sont vite initiés aux langues étrangères, à la musique, et même à la science.

– Je ferme les yeux et je me laisse guider par ton conte !

– La religion musulmane va inciter les Arabes à aller répandre le message d'Allah à travers le monde. Ils iront au Moyen-Orient (Syrie, Égypte et Irak, appelé le Croissant fertile, la Mésopotamie), en Asie, en Perse, au Maghreb. Ces conquêtes ne furent pas toujours pacifiques. Il y eut des combats, des résistances, des morts. C'est normal, puisque les armées arabes occupaient des pays sans l'accord des populations. Elles s'installaient souvent près des oasis, des rivières, dans des camps où se préparaient les nouvelles expéditions. Il y eut aussi des conflits à l'intérieur des clans musulmans. Petit à petit, grâce à l'expansion de l'islam, les Arabes auront leur Empire. La culture arabe va se développer et s'enrichir parce qu'elle saura s'ouvrir sur le monde. La langue du Coran remplacera le grec et le persan, au point qu'un historien iranien du Xe siècle dira : « La langue arabe est dépositaire de tous les arts de la terre ; elle pénètre profondément nos cœurs, son pouvoir nous charme au plus secret de notre être... »

– Que veut dire « dépositaire » ?

– Dans cette phrase, cela veut dire que la langue arabe contient tous les arts, que d'elle naissent les œuvres d'art, comme la poésie, les sciences, la médecine, etc. Tout ce qui fait évoluer l'humanité et la rend meilleure.

– Tout le monde parlait arabe, alors !

– Non, pas tous les pays, mais la langue arabe à l'époque était devenue aussi importante que le grec dans l'histoire de l'Antiquité.

– Je ne connais pas l'importance du grec dans les temps anciens, mais je suppose que l'arabe était appris dans toutes les écoles, pas comme aujourd'hui.

– Tout le monde apprenait l'arabe parce que les savants musulmans arabes se sont mis à faire un gigantesque travail de traduction de tout ce que les autres langues avaient produit d'important. Ainsi ils ont traduit des livres de la philosophie grecque, des ouvrages en persan, en indien...

– Explique-moi le mot **philosophie**.

– C'est l'amour de la sagesse et du savoir. En philosophie, on apprend à penser tout en étudiant ce que les Anciens ont déjà découvert et écrit. C'est utiliser la raison pour penser avec méthode et savoir où va sa vie.

– Bon, disons que j'ai compris !

– J'insiste : la philosophie est l'étude de ce que nous pensons. C'est pour cela que, lorsque les Arabes ont traduit et publié les études philosophiques des Grecs, ils ont rendu un grand service à l'humanité. Tout le monde a découvert ce que sont les grands philosophes grecs grâce aux Arabes. La langue arabe est devenue première partout. La science, la médecine, les mathématiques, la géographie, l'astronomie, tout cela était enseigné en arabe. Le prophète Mohammed, lui qui n'avait pas eu la chance d'aller à l'école, disait que tout musulman doit aller à la recherche de la science partout dans le monde.

– Quand les musulmans occupaient un pays, les gens étaient-ils obligés d'apprendre l'arabe ?

– Ils n'étaient pas obligés, mais, à l'époque, si l'on voulait étudier, aller très loin dans ses études, apprendre beaucoup de choses, il fallait connaître la langue arabe. La langue de l'islam s'est imposée comme première langue parlée et écrite dans le monde. À partir du IXe siècle, la science avait l'arabe pour langue, depuis l'Espagne jusqu'en Chine. La recherche scientifique, ce qui permet de faire des découvertes, se faisait en arabe, que ce soit à Bagdad, à Damas, au Caire ou à Grenade, à Palerme ou à Samarkand. Partout, on construisait des universités et des bibliothèques qu'on appelait « **Maisons de la Sagesse** ».

– Qu'est-ce que c'est qu'une « Maison de la Sagesse » ?

– C'était un centre où se réunissaient les gens qui voulaient approfondir leurs études, discuter avec des personnes plus cultivées ou plus expérimentées qu'eux, où tout était fait pour faciliter l'acquisition du savoir et des connaissances.

– Et les gens y allaient ?

– Oui, il y avait une soif d'apprendre, une ardeur pour étudier. Les gens découvraient le monde, des cultures différentes, des langues différentes.

– Qui encourageait les traductions et les études ?

– Les califes, c'est-à-dire les chefs des pays,

ceux qui répandaient l'islam. Mais également des gens riches donnaient de l'argent pour traduire des ouvrages importants et construire des Maisons de la Sagesse, c'est-à-dire de la culture.

— Si tout le monde parlait arabe, les Européens aussi ?

— Non. Les Européens profitaient des découvertes et des traductions faites par les Arabes pour avancer dans leur propre culture.

— Quelle était la capitale de cet Empire arabe ?

— C'était Bagdad, principale ville de l'Irak. Le calife le plus célèbre s'appelait Haroun Al Rachid, celui dont on parle dans les contes des *Mille et Une Nuits*. Il y a vécu au début du IXe siècle. Ce fut de Bagdad que des savants, des étudiants partirent à l'étranger à la recherche de manuscrits de science, de médecine ou de philosophie destinés à être traduits en arabe.

— Mais les Arabes ne faisaient que traduire des livres ?

— Non, ils écrivaient, faisaient de la recherche dans les sciences, en médecine par exemple ; ils construisaient des universités, des **médersas**, c'est-à-dire des écoles religieuses, des bibliothèques, des mosquées, des palais, etc. La traduction signifie que les Arabes ne se considéraient pas comme des savants à qui on n'a plus rien à apprendre. Au contraire, le véritable homme de culture est celui qui dit qu'on apprend toujours des autres. Ils voulaient savoir ce que les peuples qui n'étaient ni musulmans ni arabes pensaient et ce qu'ils faisaient dans le domaine des sciences et des lettres, de l'architecture, du commerce...

– Tu m'expliques comment on traduit...

– Passer d'une langue à une autre n'est pas facile. Il s'agit de transmettre l'équivalent de ce qui est écrit dans une langue à une autre langue. La traduction est souvent le signe d'une curiosité. Je te donne un exemple : les Arabes, même aujourd'hui, continuent de traduire les livres des écrivains d'Europe, des États-Unis, d'Amérique latine. Tu trouves dans les librairies arabes autant sinon plus de livres traduits de langues étrangères que de livres écrits directement en arabe. Cela veut dire que les Arabes ont soif d'apprendre. Si tu vas dans une librairie en Amérique, par exemple, tu constateras qu'il y a très peu de livres traduits. Une enquête récente a révélé que, sur cent livres publiés par les éditeurs américains, seulement trois étaient traduits. Ce que pensent ou écrivent les autres peuples ne les intéresse pas vraiment.

– Ils sont forts !

– Ils sont riches, surtout, et ils pensent qu'ils n'ont pas besoin de la culture des autres.

– Continue de me parler du temps où les Arabes étaient forts.

– Leur force n'était pas physique. Ils avaient compris que la vraie conquête ne se fait pas avec des armées mais avec la culture, même s'ils sont entrés en guerre contre d'autres peuples.

– Définis-moi la **culture**.

– Je suis tenté de dire que c'est ce qui nous différencie des animaux. La culture vient du mot « cultiver » une terre, la labourer et y planter des semences. L'être humain a autant besoin de manger et de boire, d'être en bonne santé que d'apprendre ce qu'est le monde qui l'entoure et dans lequel il vit. La culture est le produit de l'intelligence, ce qui nous permet de développer notre esprit, de mieux réfléchir et d'être en contact avec ce que nos ancêtres ont laissé. La culture se transmet de génération à génération. L'ensemble de ses manifestations et de ses développements s'appelle la « civilisation ».

– Qu'est-ce que nos ancêtres nous ont laissé ?

– Cette question me permet de revenir en arrière et de parler de l'époque des Lumières arabes. Les Arabes ont laissé, pas uniquement à nous autres Arabes et musulmans, mais à toute l'humanité, beaucoup de belles choses : l'algèbre (c'est un mot arabe qui signifie « réduction »), le zéro, oui, le chiffre zéro, tu me diras que ce n'est rien, mais c'est la base même de toutes les mathématiques. En arabe, zéro se dit *cifr*, qui signifie « vide », c'est ce qui a donné aussi le mot « chiffre ». Sans entrer dans les détails historiques, sache que celui qui a le plus encouragé les savants, les poètes, les chercheurs s'appelle Al Ma'amun, calife, fils de Haroun Al Rachid. Il a gouverné un immense empire dont la capitale était Bagdad, qui comptait à l'époque, c'est-à-dire au IXe siècle, plus d'un million d'habitants d'origines et de religions diverses. À la même époque, Rome, la ville la plus peuplée d'Europe, n'avait que 30 000 habitants. Des rencontres avaient lieu entre des savants venus d'Inde, de Chine, d'Europe et du monde arabe. Bagdad était la capitale culturelle du monde. Ainsi, tous les mardis, le calife invitait les savants et hommes de culture présents à Bagdad pour passer la journée à discuter, à réfléchir, à échanger des idées et des opinions. Les Maisons de la Sagesse se multipliaient. Il faut dire que le papier, importé de Chine, va permettre aux copistes de travailler de plus en plus.

– Les livres n'étaient pas imprimés ?

– Non. L'imprimerie sera inventée beaucoup plus tard, au XVe siècle (celui qui fera les premiers essais d'impression est Gutenberg, né à Mayence vers 1400). Mais sache que le premier moulin à papier a été construit à Bagdad en 794. D'autres manufactures de papier seront créées en Égypte, en Palestine, en Syrie. Avec les Chinois, les Arabes de Sicile et d'Andalousie vont introduire l'industrie du papier en Europe.

– Aujourd'hui, je te parlerai de la présence arabe et musulmane en Andalousie, au sud de l'Espagne. Les historiens nous disent que, lorsque les Arabes sont arrivés en Andalousie, ils ont été choqués par la pauvreté culturelle de ce pays malgré le patrimoine de l'Empire romain. Un historien a même écrit : « C'était le néant total. Les immigrants qui arrivaient par fournées entières d'Arabie et de Syrie trouvaient là des populations incapables de leur apporter quoi que ce fût. Rien n'existait qu'on pût adopter, assimiler, imiter ou développer. » En même temps que Bagdad, Cordoue va devenir le plus important centre culturel du monde musulman. Le calife Abd Al Rahman III régna sur l'Espagne musulmane durant un demi-siècle. Il fit de Cordoue une ville magnifique, une ville rayonnante de culture. Il s'entourait de savants musulmans, juifs et chrétiens, leur donnait les moyens financiers de continuer leurs recherches. C'est l'époque où la poésie andalouse – superbe symbole de la rencontre judéo-musulmane –, la littérature de l'amour vont se développer à tel point qu'elles auront une influence profonde et durable sur l'Occident. Le poète français Louis Aragon dit dans « Le fou d'Elsa » tout ce qu'il doit à la poésie arabe de cette époque.

– Tu peux m'expliquer ce qu'il doit ?

– C'est une poésie amoureuse, lyrique, qui chante et pleure l'amour. Louis Aragon, grand poète du XXe siècle, s'est beaucoup inspiré de ces chants pour écrire son long poème d'amour à Elsa, sa femme. Et puis il y a la poésie mystique qui est très belle.

– C'est quoi **mystique** ?

– Dans ce mot, il y a « mystère ». Le mystique est celui qui a une relation forte et intérieure avec Dieu qui exclut tout autre lien ; cette relation est comme la foi, on ne peut pas l'expliquer facilement. La poésie mystique est une célébration d'un amour immense pour Dieu. Dans le monde musulman, les mystiques s'appellent des « soufis ». Le mot vient de *sof*, qui veut dire « laine » en arabe. Les soufis se couvraient d'habits tissés d'une laine grossière, se distinguant ainsi de ceux qui portaient des vêtements luxueux et très colorés. Le soufi renonce aux choses superficielles de la vie pour se consacrer entièrement à la prière, à la méditation et à l'amour de Dieu.

– Ils étaient poètes ?

– Oui. Des poètes aussi vont marquer la civilisation musulmane. Le plus célèbre s'appelle Al Hallaj. Il disait « Je suis Celui que j'aime » en parlant de Dieu. Un jour, il ira dans les rues de Bagdad et dira « Je suis la Vérité ». Cette confusion avec Dieu ne sera pas tolérée, il sera considéré comme un possédé. Il sera arrêté, jugé et condamné à mort en 922. Il a laissé des poèmes d'une grande beauté. Il faut que tu saches aussi que Dieu se méfie des poètes. Il est dit dans le verset 224, sourate XXVI : « Quant aux poètes, ne les suivent que les fourvoyés », c'est-à-dire ceux qui se sont égarés, ceux qui se sont trompés de voie. Il ajoute : « Ils disent ce qu'ils ne font pas. »

– Tu m'as dit un jour que ce que tu aimes le plus dans le Coran, c'est sa poésie !

– Le Coran est écrit dans une très belle langue. Je la trouve pleine de poésie. Mais « poètes » dans le sens du verset vise ceux qui se payent de mots et n'agissent pas. Ce n'est pas ce qui caractérise les poètes en général.

– Donc, tout ce qui se faisait de bien était arabe !

– Disons que les Arabes avaient compris une chose simple : pour progresser, pour s'enrichir, il ne faut pas fermer sa maison, au contraire, il faut ouvrir les portes et les frontières, aller vers les autres, s'intéresser à ce qu'ils ont écrit, à ce qu'ils ont construit. Ils voulaient avancer, et pour cela ils avaient besoin d'apprendre ce que les anciens d'autres pays avaient déjà fait. L'intelligence des Arabes a consisté à être modestes et à accepter le fait que le savant est celui qui commence par dire « je ne sais rien ». Ils sont allés chercher la science là où d'autres l'avaient développée, en Grèce par exemple.

– Pourquoi en Grèce ?

– Parce que la grande Grèce du IIIe et du IVe siècle avant notre ère, c'est-à-dire il y a 2400 ans, était le lieu où des savants ont travaillé les mathématiques, l'astronomie, la médecine, la philosophie.

– Tout se passait en Grèce ?

– Non, il y avait aussi la Perse : l'Iran d'aujourd'hui.

– C'est quoi l'astronomie ?

– C'est l'étude des astres et leur position dans le ciel.

– Les Arabes s'intéressaient aussi au ciel ?

– Évidemment, car pour se diriger au milieu de l'océan, il faut connaître la position des astres dans le ciel. Sais-tu que les deux premiers observatoires du ciel ont été créés en 827 : un à Damas, l'autre à Bagdad.

– Mais les Grecs n'étudiaient-ils pas les astres ?

– Oui, au IIe siècle, il y eut Ptolémée, un grand astronome. Les Arabes ont lu ce qu'il avait écrit et ont poursuivi sa recherche. Celui qui va le mieux s'inspirer de Ptolémée s'appelle Ibn Al Haytham (mort en 1040). Il était mathématicien, physicien et astronome. Il a écrit un traité d'optique de mille pages qui a été la base sur laquelle le monde occidental a travaillé entre le XIIIe et le XVIe siècle pour l'orientation sur terre et sur mer.

– De quoi parle l'**optique** ?

– De tout ce qui concerne l'œil, la vue et les moyens techniques pour observer les choses que l'œil nu ne peut pas distinguer.

– Les Arabes étaient forts partout !

– Encore une fois, j'insiste : leur force vient de leur humilité, ils acceptent d'apprendre et ne se disent pas qu'ils sont savants, ni que leur civilisation est supérieure à une autre.

– C'est quoi **humilité** ?

– C'est le fait d'être modeste, de ne pas croire qu'on sait tout et que personne n'a rien à nous apprendre. L'humilité c'est, comme on dit au Maroc, « avoir la tête petite », c'est-à-dire le contraire de la grosse tête ! Le sage est celui qui commence par reconnaître qu'il ne sait pas grand-chose, qu'il a tout à apprendre des autres.

– Tu m'as dit que dans certains pays arabes, on appelle le médecin « le sage », *al hakim*.

– Effectivement. La médecine arabe a été l'œuvre de grands savants et par conséquent des sages. Sache que le plus ancien des hôpitaux connus a été créé par Haroun Al Rachid vers l'an 800. Deux grands noms s'imposent dans l'histoire de la médecine : Al Razi, originaire d'Iran, et Avicenne, né dans les steppes d'Asie centrale. Ce dernier a écrit en arabe

Canon de la médecine, une encyclopédie en cinq volumes reconnue en Occident comme « l'apogée et le chef-d'œuvre de la science arabe ». Il a été traduit en latin au XIIe siècle. Il dominera l'enseignement de la médecine en Europe jusqu'à la fin du XVIIe. Je te donne sa définition de la médecine : « *La médecine est la science qui étudie le corps humain, en tant qu'il est sain ou malade, dans le but de préserver la santé quand elle existe déjà et de la rétablir quand elle a été perdue.* »

À la même époque, un médecin, Al Zahraoui, fit avancer la science de la chirurgie et des instruments chirurgicaux. Ce n'est qu'au XIIIe siècle que la chirurgie s'imposera en Europe. Elle prit du retard, car la religion chrétienne n'était pas d'accord avec cette science. Tu vois, aujourd'hui on accuse les musulmans d'être en retard, mais les chrétiens sont eux aussi passés par là.

– C'est vrai qu'être musulman en ce moment, c'est difficile !

– Pourquoi dis-tu ça ?

– Ce n'est pas moi qui le dis, je l'ai entendu à la télévision.

– C'est vrai. À cause de quelques fanatiques qui se réclament de l'islam, les musulmans sont mal compris et mal perçus en ce moment. Mais, avant d'y revenir, laisse-moi te donner quelques exemples de musulmans qui ont été en avance sur tout le monde.

– Dans quel domaine ?

– En littérature, par exemple. Tu connais *Les Fables* de La Fontaine ?

– Oui, bien sûr.

– Alors, sache que bien avant La Fontaine, un écrivain arabe, Ibn Al Muqaffa (VIIIe siècle), a traduit et adapté en arabe des fables et contes indiens sous le titre *Kalila et Dimna*. La Fontaine lira ce livre traduit en français en 1644. Il s'inspirera de ces fables et de celles d'Ésope pour rédiger ses propres fables animalières.

– La Fontaine est un copieur !

– Non, pas un copieur, mais un homme intelligent qui a su prendre ce qu'il y avait à prendre et a écrit pour les enfants de France. Mais sans Ibn Al Muqaffa, il n'y aurait probablement pas de *Fables* de La Fontaine.

– Encore un exemple !

– Tu connais l'histoire de Robinson Crusoé ?

– Oui, on l'a lue en classe.

– Au XIIe siècle, un homme qui vivait à Grenade, puis à Tanger et à Marrakech, a écrit *Hay Ibn Yaqdan*. C'est l'histoire d'un homme seul sur une île déserte qui va découvrir par lui-même les grandes vérités de la vie qui conduisent à ce qu'il appelle « la lumière de Dieu ». Un prophète venu d'une île voisine lui confirmera que les vérités révélées par la religion sont celles-là mêmes qu'il a pu découvrir par lui-même. Cet ouvrage a précédé de cinq siècles le livre de Daniel Defoe.

– Un autre exemple !

– Marco Polo est connu pour avoir fait le tour du monde. Bien avant lui, un Arabe, Ibn Batouta, né en 1304 à Tanger, avait fait deux fois le tour du monde. Il a laissé un journal où il raconte ce qu'il a vu et entendu.

– Quoi d'autre ?

– Un Italien d'Amalfi, Flavio Gioja, est souvent considéré comme l'inventeur de la boussole. En fait, ce sont des navigateurs arabes qui lui ont fait découvrir cet instrument qui permet de se diriger sur mer et sur terre. Les navires commerciaux arabes étaient les maîtres des mers dès le XIIe siècle. Ce n'est qu'en 1302 que Flavio Gioja découvrira dans un livre l'existence de cet instrument inventé par des Arabes.

– D'accord ! Les Arabes ont inventé beaucoup de choses. Et aujourd'hui, ils n'inventent plus rien ?

– Pour comprendre l'état actuel des pays arabes et musulmans, j'ai besoin de te faire encore un peu d'histoire. Si tu m'as bien suivi, l'islam a été ce qui va pousser les Arabes à parcourir le monde dans le but de répandre le message du prophète et aussi de convertir le plus de gens possible à cette nouvelle religion. En sortant de chez eux, ils découvriront un autre monde et voudront s'instruire et participer à l'évolution de l'humanité. C'est ce qui va se passer. Il y aura des batailles, des morts, des conflits à l'intérieur de l'islam. Quand les musulmans occupent un pays, ils prennent sous leur protection les chrétiens et les juifs. Ceux-ci leur doivent un impôt.

– Ils achètent leur protection ?

– En tant que minorités, oui.

– Minorités ?

– En terre d'islam, les juifs et les chrétiens, que les musulmans appellent « les gens du Livre » – c'est-à-dire ceux qui ont une religion fondée sur un livre saint, comme le Coran pour les musulmans –, n'étaient pas nombreux, c'est ce qu'on appelle une minorité. Du fait de cette situation, ils devaient verser une somme d'argent directement au Trésor en échange d'une garantie pour leur sécurité physique et morale.

– Pourquoi devait-on payer pour vivre avec les musulmans ?

– Peut-être que les musulmans voulaient les pousser à se convertir à l'islam… Mais cette situation n'a pas duré tout le temps. Malgré cela, entre le IXe et le XIe siècle, c'est quand même l'intelligence, le savoir et la culture qui caractérisent les actions des musulmans. Après Avicenne (980-1037), qui sera enseigné en Europe jusqu'au XVIIe siècle, après Al Farabi, qui a mis en place un tableau général des sciences, arrive Averroès. C'est un homme important.

– Plus que les autres ?

– Oui, parce qu'il va aller encore plus loin que ses prédécesseurs. Il apparaît un siècle après Avicenne. Né à Cordoue en 1126, il meurt en exil au Maroc en 1198.

– Pourquoi s'est-il exilé au Maroc ?

– Justement, c'était un philosophe. C'est lui qui a recueilli l'héritage du philosophe grec Aristote et l'a transmis à l'Occident. Il était aussi un grand juriste musulman.

– Que veut dire « juriste » ?

– Celui qui étudie le droit, c'est-à-dire les règles et les lois qui sont à la base de toute société. C'est ce qui définit les critères de la justice.

– Bien. Donc, il était ami de la sagesse et de la justice.

– Il va essayer d'introduire la Raison au cœur de la foi.

– La Raison, c'est la logique ; la foi, c'est la croyance, n'est-ce pas ?

– Oui, il va tenter de donner au fait de croire une certaine logique. Ensuite, il va remarquer que la religion musulmane est utilisée par des gens qui ont d'autres intérêts. Il y a des sectes, des clans qui refusent de discuter et surtout d'accepter l'apport des étrangers. Des disputes auront lieu. La maison de l'Islam n'est plus la Maison de la Sagesse. Averroès dénonce tout cela, mais les hommes politiques à Cordoue ne sont pas de son avis. Il fuit et demande protection au Maroc. À partir de cette époque, la civilisation musulmane sera contaminée par le fanatisme et l'intolérance. Mais il n'y a pas que ces signes pour expliquer la décadence, il y a aussi toute la période des croisades.

7e *jour*

– Que veut dire **décadence** ?

– C'est quelque chose qui se dégrade, qui décline, qui, au lieu d'aller vers le progrès, prend le chemin de la descente et de la chute. Une maison qui n'est plus entretenue, qui n'est plus habitée ou mal habitée se dégrade ; elle tombe en ruine, plus rien ne fonctionne à l'intérieur. Une civilisation, c'est comme une grande maison. Si ses fondations sont solides, ses murs faits avec de la bonne pierre, si les gens qui la fréquentent lui apportent de nouvelles richesses, l'aèrent et l'embellissent, elle se maintiendra. Enfin, c'est plus compliqué, mais une civilisation, c'est un ensemble d'acquis fait d'héritage et de fructification de ce que les ancêtres ont légué. Il faut savoir prendre soin d'une civilisation comme d'une vieille et belle maison.

– La civilisation arabe n'a pas été bien entretenue ?

– Après son époque de gloire et de lumière, elle a reçu des coups, d'abord parce que des divisions ont eu lieu à l'intérieur de la grande maison. Des rivalités entre les califes : ces dirigeants ont eu des appétits de plus en plus grands, ils ne pensaient plus à l'intérêt général mais aux intérêts immédiats de leur égoïsme. Ainsi les califats de Bagdad et de Cordoue étaient sunnites, c'est-à-dire dans la tradition classique du prophète, tandis que le califat fatimide au Caire était chiite, c'est-à-dire partisan d'Ali.

– Comment s'exprimaient ces divisions ?

– À partir de 1055, les califes font appel à des mercenaires seldjuqides (venus de la Turquie actuelle) pour défendre leur territoire. Par exemple, cette armée seldjuqide va empêcher les chrétiens d'accéder aux lieux saints de Jérusalem et va les persécuter. Ils prendront ainsi le pouvoir politique.

– Que se passe-t-il alors ?

– Le pape Urbain II va profiter de cette situation de division arabe et de cette arrivée des mercenaires pour déclencher les croisades contre les musulmans, de 1096 à 1099. Au début, il répond à un appel au secours lancé par l'empereur byzantin, dont la capitale – Constantinople – était menacée par les musulmans seldjuqides. Par la suite, les armées chrétiennes vont mener leurs propres conquêtes.

– D'où vient le mot **croisade** ?

– Du mot « croix », la croix étant le symbole des chrétiens puisque Jésus avait été crucifié. La croisade est le fait d'aller faire la guerre au nom du christianisme contre ceux qui s'opposent à cette religion ou qui gênent son expansion. À l'époque, l'islam ne cessait de se répandre et de briller sur tous les plans. Il y aura en tout huit expéditions de chrétiens armés. La dernière aura lieu en 1223. Les princes catholiques prennent Cordoue en 1236, puis Séville en 1248. Ce sont des défaites politiques et militaires pour la civilisation arabe et musulmane. Seule Grenade va résister. Elle sera le dernier foyer de la civilisation arabe en Europe. Elle tombe aux mains des rois catholiques en 1492. C'est la fin d'une époque et d'une grande civilisation. Le monde change. 1492, c'est aussi l'année où Christophe Colomb découvre l'Amérique.

– Que se passe-t-il alors pour les Arabes d'Andalousie ?

– Il y avait des juifs et des musulmans. On va les chasser, les expulser d'Espagne. À ceux qui voudront rester, on dira : vous avez le choix entre deux choses, le baptême ou la mort.

– Qu'est-ce que ça veut dire ?

– Devenir chrétien ou mourir. Beaucoup ont choisi de se convertir au catholicisme. Mais malgré cette conversion, ils seront encore persécutés, car au fond de leur cœur ils n'avaient pas renoncé à leur foi. On les appelle les maurisques. Ils seront persécutés et déportés massivement hors d'Espagne. C'est ce qu'on appelle l'Inquisition. Elle se terminera le 22 septembre 1609. Sache enfin que l'Espagne catholique va absorber sans jamais le reconnaître tout ce que les Arabes ont apporté dans cette région. Parmi les musulmans qui ont dû fuir Grenade au moment de la reconquête de ce pays par les catholiques, il y avait un savant, un géographe, Léon l'Africain. De son vrai nom Hassan Al Wazzan (le Peseur), il a passé plusieurs années à Rome auprès du pape Léon X (1518). Il a enseigné l'arabe et l'italien, a introduit à la cour de ce pape des textes grecs traduits en arabe, qu'il a ensuite traduits en latin. Il est le symbole d'une bonne entente entre l'Orient et l'Occident.

– Que vont devenir les musulmans et les Arabes ?

– Le monde arabe sera isolé ; il lui sera interdit d'avoir des relations commerciales avec l'Europe ; la philosophie arabe continuera de s'enseigner dans les universités européennes, mais elle cesse de se développer et surtout d'être étudiée dans le monde arabo-musulman.

– Qu'est-ce qu'on étudie à la place ?

– À la place de la philosophie qui nous apprend la méthode, le doute et la réflexion, qui nous ouvre des horizons divers et multiples sur la pensée des autres peuples, on enseigne la religion islamique et rien que la religion islamique. Or qui dit religion, dit croyance, donc absence de réflexion et de doute. On passe ainsi d'une tradition d'ouverture sur le monde à un isolement, une fermeture sur soi. C'est un appauvrissement. Ce sera très grave pour le monde arabe et musulman. Cela prendra du temps, mais le résultat, on le voit aujourd'hui. Quand on a été vaincu, on subit les conséquences de la défaite pendant longtemps, très longtemps.

– Que va-t-il se passer entre le XVIe siècle et aujourd'hui ?

– Beaucoup d'événements. Mais essayons de comprendre pourquoi le monde arabe va connaître une longue période de déclin.

– C'est quoi le déclin ?

– Décliner veut dire baisser de niveau et de qualité. On dit de quelqu'un qui est malade que sa santé décline, ou bien, s'il voit mal, que sa vue décline, s'il n'entend pas bien, que son ouïe décline. C'est comme la décadence. Il y a le signe d'une chute lente.

– Alors, pourquoi ce déclin ?

– L'acquisition du savoir, les traductions, les rencontres entre savants, la liberté philosophique, tout cela était voulu, financé et protégé par les princes. Cette ouverture répondait au besoin de comprendre le monde pour bien gouverner un empire très vaste où il n'y avait pas que des peuples arabes. Le jour où les princes se sont mis à se disputer, les savants et les philosophes n'ont plus trouvé de soutien, ni politique ni financier, pour continuer à travailler.

– Dis-moi un nom de savant arabe marquant cette époque.

S'il ne faut garder en mémoire qu'un seul nom, le dernier grand savant arabe, celui qui a écrit une œuvre de portée universelle, c'est Ibn Khaldoun. Il est l'inventeur de ce qu'on appelle aujourd'hui la « sociologie », c'est-à-dire l'étude des faits et comportements de la société. Il a vécu à la fin du XIVe siècle et au début du XVe en Afrique du Nord (1332-1406). Il a étudié la mentalité et les comportements des Arabes. Il les a bien observés et les a beaucoup critiqués. Il a ouvert la voie à la critique et au changement. Il mettait en garde les califes contre les personnes non qualifiées qui prennent en charge l'enseignement religieux et qui en profitent pour égarer le peuple. Il était aussi contre le fait que certains utilisent les mosquées pour enseigner autre chose que le Coran. Déjà, à son époque, il voyait le danger qui consiste à utiliser l'islam pour des raisons qui n'ont rien à voir avec la religion. C'était un visionnaire. Il a démontré l'influence que peut avoir le climat sur l'humeur et les mentalités des peuples. Il faudra attendre la fin du XIXe siècle et le début du XXe pour que des esprits intelligents et ouverts, comme Ibn Khaldoun, proposent des réformes à l'islam.

– C'est quoi des **réformes** ?

– Il s'agit de changer certaines règles et habitudes dans la façon de pratiquer la religion.

– Est-il possible de changer quelque chose dans la religion musulmane ?

– Il ne s'agit pas de toucher aux valeurs et préceptes qui la fondent, mais, tout en s'attachant à ce qu'elle a de fondamental, il est possible d'y introduire des réformes. Pour cela, il faut du courage et de la persévérance. À retenir, les noms de l'Afghan Jamal Edine Al Afghani (mort en 1897), de l'Égyptien Mohammed Abduh (mort en 1905). Ils prônaient le dialogue, la tolérance et surtout l'adaptation au monde moderne. Ils disaient qu'il ne faut pas accepter aveuglément ce que les anciens maîtres imposaient comme règles de conduite en islam, que l'époque où est né l'islam est très différente des Temps modernes. Pour changer des choses dans les pays musulmans, ils se basaient sur un verset du Coran qui dit : « Dieu ne change pas la condition d'un peuple tant que celui-ci ne change pas ce qui est en lui-même » (sourate XIII, verset 11). Cela veut dire que, si aujourd'hui les musulmans sont mal vus dans le monde, ce n'est pas toujours la faute des autres, des non-musulmans. Il faut qu'ils décident de changer ce qui est mauvais ou malade dans leur société. Même si des non-musulmans ont fait du mal aux peuples islamiques, il ne faut pas leur mettre sur le dos tout ce qui ne marche pas bien dans ces pays. Chacun a sa part de responsabilité. Les croisades sont un lointain souvenir, la colonisation aussi. S'il y a parmi les musulmans des jeunes devenus violents et fanatiques, c'est que leur éducation a été mal faite, on les a laissés entre les mains de gens ignorants et sans scrupules. On n'a pas su ou voulu leur faire aimer le développement, la culture et la vie. On a laissé se développer la pauvreté et l'analphabétisme. On a eu peur de la liberté et on n'a rien fait contre la corruption et les injustices. Alors, ils se sont tournés vers la religion qu'ils connaissent mal. Ils sont, comme dit le Coran, égarés. Ils sont dans l'erreur. La racine du Mal n'est pas toujours chez les autres.

– C'est quoi **scrupules**?

– Tu sais comment on appelle le tout petit caillou qui s'introduit dans ta chaussure et te gêne quand tu marches?

– Non. Un petit caillou embêtant?

– On l'appelle « scrupule », parce qu'il est le grain de sable qui empêche l'homme bon de dormir. Il est travaillé par ce quelque chose qui peut être une loi, une règle, un principe. Les gens sans scrupules dorment sans problèmes.

Ils ne sont pas gênés par le non-respect des principes.

8e jour

— Quels sont les principaux événements qui vont se produire dans le monde arabe au moment où il connaît un début de décadence ?

— De l'Empire arabo-musulman on va passer à l'Empire ottoman, c'est-à-dire turc. Les Turcs vont s'installer en Égypte, au Liban, en Syrie, en Iran, dans les Balkans, en Tunisie, en Algérie. Le Maroc va leur résister et échappera à leur mainmise. Le XVIe siècle a été l'apogée de la puissance militaire ottomane. L'islam est religion d'État. Au XIXe siècle, le grand empire connaît son déclin. Après la Première Guerre mondiale, la Turquie a choisi de devenir un État moderne, séparant la religion de la politique. Le califat, c'est-à-dire la direction spirituelle et politique de tous les musulmans, fut supprimé en 1922. Grâce à Mustafa Kemal, la Turquie est devenue un pays laïc.

— C'est quoi **laïc** ?

— Être laïc, c'est n'être pas religieux.

— Cela veut dire ne pas croire en Dieu ?

— Non, on peut croire en Dieu et être laïc. La laïcité, c'est le fait de ne pas utiliser la religion pour imposer des lois concernant la vie des gens. La laïcité est devenue officielle en France à partir du 9 décembre 1905, date où fut prononcée la séparation de l'Église et de l'État. Un exemple : l'école publique en France est une école où les religieux n'ont pas le droit d'enseigner. Ils ont, en revanche, le droit d'avoir leurs propres écoles. Il y a des églises, des synagogues et des mosquées. Chacun a le droit d'aller prier où il veut. L'État n'intervient pas dans la pratique de la religion. La Turquie a été le premier pays musulman à devenir un État laïc.

— Est-ce important ?

— Vu ce qui se passe en ce moment, c'est très important de séparer la religion et la politique. Tant qu'on n'aura pas établi une barrière entre les deux, il y aura des problèmes. En France, les musulmans doivent vivre leur religion tout en respectant les lois de la République.

— Comment ?

— Tu te souviens de ces filles marocaines qui venaient au collège en portant un foulard autour de la tête ?

— Non, mais raconte-moi.

— Des professeurs n'ont pas voulu les accepter en classe en disant que, la France étant un pays laïc, il ne faut pas montrer son appartenance religieuse à l'école.

— Et alors, qu'est-ce qui s'est passé ?

— Il y a eu beaucoup de discussions. Finalement, certaines filles ont renoncé à porter le foulard. D'autres ont été retirées de l'école par leurs parents. Ils ont eu tort de les priver d'enseignement.

– J'ai vu l'autre jour à la télévision des femmes couvertes des pieds à la tête. On dirait des fantômes…

– Ce que tu as vu, ce sont des femmes afghanes que des hommes maltraitent au nom de l'islam.

– Mais est-ce que l'islam oblige la femme à se couvrir entièrement ?

– Non. Tu veux parler du voile qu'on appelle *hijab* dans le monde arabe et *tchador* en Iran. Ce qui est dit dans le Coran est simple : une femme qui prie, donc qui s'adresse à Dieu, doit se couvrir la tête et porter des habits qui ne moulent pas son corps. Cela, on le trouve aussi chez les chrétiens et les juifs. Si une femme est habillée de manière provocante, par exemple si elle porte une minijupe ou un chemisier qui laisse voir sa poitrine, si sa chevelure est dénouée, on ne la laisse pas entrer dans une église ou dans une synagogue. Les femmes musulmanes ont le droit d'aller à la mosquée, mais ne doivent pas se mélanger aux hommes. C'est pour éviter des troubles et des incidents. Un lieu de prière n'est pas un lieu de rencontre entre les sexes.

– Donc, Dieu parle du **voile**.

– Oui. Dans la sourate XXIV (« La Lumière »),

verset 31, il recommande aux croyantes de « baisser leurs regards » et de « couvrir de leurs voiles leurs seins ». Dans la sourate XXXIII, verset 59, il s'adresse au prophète ainsi : « Dis à tes épouses et à tes filles, et aux femmes des croyants, de laisser tomber jusqu'en bas leur robe de dessus. Il sera plus facile ainsi qu'elles ne soient pas reconnues, et qu'elles ne soient point offensées. » Cela veut dire que les femmes des croyants devaient se distinguer des femmes de mauvaise vertu.

– Pourquoi Dieu parle des épouses ? Le prophète en avait plusieurs ?

– En islam, l'homme a droit à quatre épouses. C'est ce qu'on appelle la polygamie.

– Je sais. Mono, c'est un ; poly, c'est plusieurs. Mais ce n'est pas juste !

– Tu as raison, ce n'est pas juste. Tu sais, si on suit avec attention le texte du Coran, on se rend compte que c'est impossible pour un homme croyant et bon musulman d'être polygame, parce qu'il est dit « à condition de les aimer également », c'est-à-dire d'être juste et équitable avec chacune. Ce qui est impossible. On ne peut pas avoir le même amour pour quatre femmes en même temps. Forcément, il y a une préférence, donc une injustice. Aujourd'hui, la polygamie est en voie de disparition, car la femme est en train d'acquérir des droits, hélas pas dans tous les pays islamiques, mais dans certains, comme la Tunisie où la polygamie est interdite. Ni le voile, façon taliban, ni la polygamie ne sont acceptables aujourd'hui.

– Les femmes se sont révoltées, j'espère !

– Oui, mais pas tout le temps et pas toutes en même temps. Heureusement, des associations de femmes dans des pays musulmans, comme l'Égypte, le Maroc ou l'Algérie, luttent pour que le Code de la famille change et pour que la femme ait les mêmes droits que l'homme. Ce n'est pas facile, car même si l'on changeait les textes de loi, il faudrait du temps pour que les mentalités acceptent le bouleversement de leurs habitudes. Un bon musulman doit être un homme juste, donc il devrait accepter que la femme ait les mêmes droits que lui dans la vie quotidienne. Sache qu'en islam il est dit en toutes lettres qu'il n'y a pas de honte ou de pudeur à parler de sexualité. On dit en arabe : « *La haya'a fi dine.* »

– Qu'est-ce que ça veut dire ?

– Cela veut dire que l'islam parle sans détour des relations entre hommes et femmes. Quand j'étais adolescent, j'ai lu un petit livre, *Le Jardin parfumé*. Il a été écrit au XVe siècle par un homme de religion de Tunisie, Cheik Nafzawi. C'est un manuel d'éducation sexuelle pour les jeunes musulmans. Évidemment, il s'adresse aux garçons, pas aux filles. C'est au nom des recommandations de l'islam que le cheik s'exprime et explique comment faire l'amour.

– Revenons à l'histoire !

– Donc, après la fin de l'Empire turc, c'est au tour des Européens d'entrer et de s'installer avec armes et bagages dans des pays où ils n'ont pas été invités : les Français débarquent en Algérie en 1830 ; les Anglais en Égypte en 1882 ; après la Tunisie, les Français instaurent un protectorat au Maroc en 1912.

– Pourquoi viennent-ils dans ces pays ?

– C'est ce qu'on appelle la colonisation. « Coloniser » veut dire planter des colonies sur des terres étrangères, c'est-à-dire occuper des terres par la force et imposer dans le pays des lois et des règles qui soumettent la population locale. C'est une domination.

– C'est injuste !

– Oui, c'est violent et injuste. Mais ce qui a permis l'occupation de ces pays arabes et musulmans, c'est le déclin qu'ils connaissaient. C'est comme un corps malade qui ne peut pas se défendre et se voit envahi par d'autres maladies.

– Est-ce que les gens se sont révoltés ?

– Oui, après quelques décennies, ils se sont réveillés. La plus terrible de ces guerres pour l'indépendance a été celle d'Algérie, entre 1954 et 1962. Il y a eu des centaines de milliers de morts de part et d'autre, puis les Français qui étaient nés et vivaient en Algérie ont dû partir.

– Est-ce que l'islam a joué un rôle dans ces guerres ?

– Oui. L'islam, en tant que religion et culture, a unifié tous les combattants. Il les a rendus solidaires. Mais cela ne s'est pas transformé en guerre de religion. Après les indépendances, ces pays ont connu des bouleversements politiques.

9e jour

– D'où vient la violence des musulmans ?

– Tous les musulmans ne sont pas violents. Il ne faut jamais généraliser. Sache qu'aucune religion n'est totalement pacifique ou totalement vouée à la guerre. Dans le Coran, tu trouves beaucoup de versets qui prônent l'amour, la justice, la concorde et la paix entre les hommes, le pardon et la sagesse, et puis tu trouves aussi des versets qui poussent le musulman au combat quand les circonstances l'exigent. La violence existe partout. Et puis les musulmans ne forment plus un empire comme au début de l'islam. La communauté musulmane est éparpillée dans tous les continents. Je ne pense pas qu'un Chinois a la même conception de la pratique de la religion musulmane qu'un Marocain, ou un Africain ou un converti européen. Il est vrai que, après la mort du prophète, des violences et des guerres eurent lieu. Cela provient du fait que l'islam n'est pas une religion détachée de la vie quotidienne. Elle se préoccupe de la conduite des hommes dans la cité, de leur morale, de l'organisation et de la direction de leur communauté. C'est ce qu'on appelle de la politique. Cela va permettre à l'imam Khomeyni, celui qui renversa le chah d'Iran en 1978 et instaura une République islamique, de dire « l'islam est politique ou n'est rien ». Ainsi l'islam régit la vie des gens de manière plus directe que ne le font le christianisme et le judaïsme. À partir de là, la porte est ouverte à la lutte et à la violence. La politique, c'est souvent la lutte pour le pouvoir. Si ce combat est fait au nom de l'islam, comme c'est le cas en Iran, la violence qui sera utilisée sera forcément imputée à l'islam.

— Oui, je veux savoir, je veux comprendre, parce que aujourd'hui on parle de l'islam à cause des attentats.

— Tu as raison. Alors il faut être patient et continuer à écouter l'histoire de l'islam. Là, il faut que je te parle d'une secte qui s'appelle les **hachachins**. (Une secte, c'est un ensemble de personnes qui suivent de manière aveugle un maître appelé « gourou ».) Le mot arabe *hachiche* veut dire « herbe » et plus généralement « drogue ». L'hachachin est un amateur de drogue, celui qui fume de l'herbe. Cette secte a existé en Asie occidentale, c'est-à-dire en Syrie et en Perse, aux XIe et XIIe siècles. Son chef, Hassan As-Sabbah, musulman strict, dur et autoritaire, était surnommé « le Vieux de la Montagne » (mort en 1166). Devenu un gourou, il s'installera dans le château d'Alamût, non loin de la mer Caspienne, et de là il lancera ses troupes pour des expéditions punitives contre les gouvernants. Auparavant, il droguait ses disciples avec du chanvre indien. Il fera trembler des rois et des princes. Ses armes, c'était la terreur, la haine et les massacres. Le mot « hachachins » a donné en français « assassins ».

– « Le Vieux de la Montagne » était aussi un mauvais musulman ?

– Il était chiite et voulait rester mystérieux. On a comparé ceux qui commettent aujourd'hui des attentats suicides aux disciples du « Vieux de la Montagne ». Mais, encore une fois, cela ne vient pas de l'islam.

– Je sais. L'islam veut dire « soumission à la paix », ne pas commettre de crimes. Mais ceux qui ont commis des attentats sont des musulmans.

– Oui, mais les musulmans ne sont pas l'islam.

– Qu'est-ce que cela veut dire ?

– Cela veut dire qu'une religion n'est pas comprise de la même façon par tous ceux qui s'en réclament.

– Bon. Qu'est-ce qui s'est passé ensuite ?

– L'islam s'est beaucoup répandu en Afrique et en Asie (sais-tu que le plus grand pays musulman se trouve en Asie, c'est l'Indonésie ?). Tu te rends compte, ils étaient quelques centaines au VIIe siècle, ils sont plus d'un milliard aujourd'hui.

– Un milliard de musulmans dans le monde ! Pourquoi tant de gens deviennent-ils musulmans ?

– Les Arabes sont une minorité comparés aux Asiatiques qui sont devenus musulmans. Tous les Arabes ne sont pas musulmans. Ainsi, tu trouves des Arabes chrétiens en Égypte (ce sont des coptes ; ils représentent 15 % de la population) ; au Liban, ce sont des maronites. Ils disent la messe en arabe. C'est très beau.

– Et en France ?

– L'islam est la deuxième religion de France. On estime le nombre des musulmans à 4 millions ; pour la plupart, ce sont des Maghrébins ; les autres sont des Turcs, des Africains, des Pakistanais, des Égyptiens, etc. Comme en islam, il n'existe pas de clergé, ils n'arrivent pas à se mettre d'accord pour désigner un représentant unique de toutes ces communautés.

– Penses-tu que les musulmans et les chrétiens vont s'entendre pour vivre en paix ici en France et ailleurs en Europe ?

– Il n'y a pas de guerre entre les deux religions. Les musulmans de France ont la chance de vivre dans un pays démocratique qui leur garantit le droit de pratiquer librement leur religion. Mais il ne faut pas oublier que la France est un pays laïc, c'est-à-dire qu'aucune religion n'est religion d'État. Toutes les religions ont le droit d'exister mais aucune ne peut dominer les autres. Pour terminer, je te cite un verset du Coran qui fait l'éloge de ce qu'on appelle le métissage : « O vous hommes / en vérité, Nous vous avons créés d'un mâle et d'une femelle, et Nous vous avons constitués en peuples et tribus pour que vous puissiez vous connaître les uns les autres » (sourate IL, verset 13).

— Nous avons entendu des mots et nous voudrions en connaître le sens. Peux-tu nous les expliquer ?

— Quels sont ces mots ?

— **Intégristes**.

— D'après le dictionnaire, ce mot est emprunté à l'espagnol *integrista*, qui signifie « membre d'un parti voulant que l'État soit dépendant de l'Église ». Pourtant, dans cette notion, il y a le mot « intègre » qui veut dire quelque chose de bien. Une personne intègre est loyale, fidèle à des principes et à des valeurs. Le contraire de ce mot est « corrompu ». Le corrompu est quelqu'un qui est vendu, il sacrifie ses valeurs et ses principes pour de l'argent ou pour un intérêt.

– Mais qu'est-ce que « intégriste » a à voir avec l'islam ?

– Les musulmans extrémistes n'utilisent pas ce mot pour désigner l'action qu'ils mènent. En revanche, ce mot a été utilisé pour désigner des catholiques qui veulent davantage de rigueur dans la pratique de leur religion. Ils veulent par exemple dire la messe en latin et non en d'autres langues. Quand des musulmans ont commencé à réclamer un islam plus dur, plus fidèle à l'époque de sa naissance, la presse les a désignés par le mot « intégristes ».

– Comment se définissent-ils alors ?

– Ils se disent **islamistes**. Entre eux ils se nomment tous frères. Cela vient du premier mouvement constitué en 1928 par un instituteur, Hassan Al Banna, dans une petite ville d'Égypte, Ismaïlia, et qui portait le nom de « Frères musulmans ». Il luttait contre la dégradation des mœurs et contre les influences des Européens sur les musulmans. Il s'opposait au parti nationaliste égyptien Wafd qui militait pour un système politique démocratique et parlementaire. Un de leurs dirigeants, Sayed Qotb, sera arrêté et torturé pour « complot contre Nasser », condamné à mort et exécuté le 29 août 1966. C'est son maître, Al Banna, qui a dit : « Toute parcelle de terre sur laquelle a flotté l'étendard de l'islam est pour tout musulman une patrie qu'il doit conserver, pour laquelle il doit travailler et combattre en guerre sainte. » Le mouvement poursuit son chemin en Égypte et dans d'autres pays musulmans. Ils sont bien organisés, viennent en aide aux pauvres et aux malades, et se réfèrent aux nombreux livres laissés par Sayed Qotb, qui était un homme très cultivé.

Quand on écoute les prêches des islamistes, on comprend qu'ils cherchent à imposer par la force un mode de vie, de comportement et d'habillement qui refuse l'époque actuelle. Ils oublient quelque chose de simple : l'islam est né il y a plus de quatorze siècles. Il y a dans ses écrits des valeurs qui sont valables tout le temps, éternellement. Puis il y a des choses qui ont concerné l'époque de sa naissance et qui ne s'adaptent plus aux temps modernes. Ils veulent revenir à l'époque du prophète et comprennent le message de Mohammed d'une façon très réduite, très schématique et caricaturale.

– Par exemple ?

– Les « islamistes » ne veulent pas que la femme soit l'égale de l'homme, ni qu'elle ait des droits, ni qu'elle puisse décider elle-même de son propre sort. Ils sont pour la répudiation et la polygamie.

– C'est quoi la **répudiation** ?

– Le mari a le droit de divorcer de sa femme sans lui demander son avis et sans passer devant un juge ou par un avocat. Il va voir un fonctionnaire des affaires religieuses et lui demande d'envoyer un avis à sa femme.

– Mais c'est injuste.

– Ce n'est ni juste ni humain, mais c'est en train de changer dans certains pays musulmans qui veulent être modernes. On a pris l'habitude de dire à la femme : « Il faut obéir à ton mari, si tu n'as pas de mari, à ton père, si tu n'as pas de père, à ton frère, etc. » Les femmes ne doivent pas s'habiller de telle ou telle façon. Ceux qui disent cela se réfèrent à certains versets coraniques qui n'accordent pas les mêmes droits à la femme qu'à l'homme, ou à d'autres versets qu'ils interprètent à leur façon. J'espère que des dispositions seront prises dans les pays musulmans pour que la femme ne soit plus dévalorisée et méprisée au nom de l'islam. Il faut qu'elle soit, sur le plan des droits, l'égale de l'homme. Ceux qui la maltraitent oublient ainsi que Dieu n'aime ni l'injustice ni l'humiliation. Ce sont des gens qui ont certainement appris le Coran par cœur, mais qui n'en retiennent que les versets dont le sens littéral les arrange. Or le Coran permet beaucoup d'autres interprétations. Ce qu'on appelle l'« intégrisme » fait du mal à l'islam et aux vrais musulmans.

– Ils le font exprès, ou bien ils ne sont pas cultivés ?

– Les pires, ce sont les gens semi-cultivés.

– C'est quoi « semi-cultivés » ?

– Ce sont des gens qui savent lire mais ne comprennent pas ce qu'ils lisent ; ils se croient des savants alors qu'ils sont des ignorants. Ce sont des gens dangereux.

– Le mot **fondamentaliste**.

– C'est comme le mot « intégriste », il veut dire : revenir aux principes fondamentaux de l'islam, comme si le monde n'avait pas évolué.

– Le mot **djihad**.

– Il signifie « effort ». Les musulmans l'ont d'abord compris comme « effort sur soi-même », « résistance contre les tentations, contre l'attraction du mal ». Ensuite, il fut utilisé comme appel au combat lorsque le prophète était menacé et persécuté par les habitants de La Mecque qui ne croyaient pas à son message. Après la mort du prophète, l'expansion de l'islam s'est faite dans le combat. Au XIe siècle, lorsque les chrétiens décidèrent de partir en guerre contre les musulmans, c'est-à-dire en « croisade », les musulmans ont décrété le djihad, le combat contre les agresseurs pour se défendre. Aujourd'hui, ce mot n'a plus de sens, puisque l'islam ne cesse de se répandre pacifiquement et que personne ne le menace vraiment. Donc, ceux qui utilisent aujourd'hui ce mot font un contresens. Ils cherchent à faire peur aux autres.

– Le mot **fatwa**.

– Ce mot est dérivé du verbe *fata* qui signifie « dicter ». Ici, fatwa veut dire un avis d'ordre religieux, mais ce n'est pas une loi. Il est dit par quelqu'un qui connaît bien le Coran : un spécialiste, un professeur de religion. Mais quand on lance une fatwa, comme par exemple l'ordre d'aller tuer un musulman qui a écrit ou dit des choses qu'on juge inadmissibles, c'est un abus. L'islam ne fait pas de la fatwa une loi ou un décret qui doit s'appliquer.

– **Chari'a**.

– C'est une ligne de conduite, une morale tracée par les anciens hommes de religion. Elle se base sur le Coran et sur les paroles du prophète. Pour certains, c'est plus qu'une morale, c'est un cadre juridique, c'est-à-dire un ensemble de lois que les musulmans doivent appliquer dans leur vie quotidienne. Mais la chari'a n'est pas obligatoire. Tous les pays musulmans ne l'appliquent pas. Pour la plupart d'entre eux, c'est un retour en arrière incompatible avec le droit et la vie moderne.

– Le mot **tolérance**.

– Le verbe « tolérer » signifie « supporter », « accepter ». Cela veut dire concrètement : « Je ne suis pas comme toi, je ne suis pas de ta religion, je ne suis pas de ton pays, je ne suis pas d'accord avec tes idées, et pourtant j'accepte que tu existes à côté de moi, que tu pratiques ta religion, parles ta langue et penses ce que tu veux. Mais, en échange, tu dois aussi accepter ce que je suis. » La tolérance n'a de sens que si elle est réciproque. L'intolérance, c'est le fait de ne pas accepter et même de rejeter ceux qui sont différents de soi. Elle alimente le racisme.

– Faut-il tout tolérer ?

– Non, justement, on ne doit pas accepter le racisme, l'humiliation.

– Que veut dire **humiliation** ?

– Humilier quelqu'un, c'est lui faire honte, c'est le priver de sa qualité d'être humain, c'est-à-dire de sa dignité, de sa fierté. C'est le blesser dans ce qu'il est, lui faire mal et lui faire subir des injustices.

– Est-ce que l'islam est une religion tolérante ?

– Au départ, aucune religion n'est tolérante. Toute religion cherche à convaincre les gens qu'elle est unique et qu'elle est seule à avoir raison. Mais quand on lit les textes des livres sacrés comme le Coran, on apprend que l'islam n'est pas venu pour faire la guerre aux juifs et aux chrétiens. Donc l'islam qui reconnaît les autres religions et leurs prophètes se veut tolérant. Je cite trois versets qui prouvent que l'islam s'inscrit dans la tolérance. Sourate II, verset 256 : « Point de contrainte en religion », c'est-à-dire qu'on ne doit pas obliger les gens à se convertir à l'islam ni obliger ceux qui sont déjà musulmans à se comporter selon des règles établies par la force d'un chef. Sourate CIX, verset 6 : « À vous votre religion, à moi la mienne », c'est clair, les croyances religieuses, comme les goûts et les couleurs ne se discutent pas et se doivent un respect réciproque. Sourate XXVIII, verset 56 : « Ce n'est pas toi qui guideras qui tu veux ; c'est Dieu qui guide qui Il veut », le texte est clair, l'islam n'oblige personne à croire en son message, chacun a le droit d'avoir ses croyances et de se voir respecté, comme il doit respecter les croyances des autres ; enfin aucun homme n'a le droit de se substituer à Dieu pour donner des ordres aux croyants ; autrement dit, ceux qui se proclament des chefs religieux islamistes sont dans l'erreur. Il n'y a pas en islam de clergé, c'est-à-dire d'intermédiaires entre Dieu et l'homme, il n'y a pas de prêtre ou de rabbin comme dans les autres religions. Il n'y a pas de pape, c'est-à-dire de chef suprême qui serait le représentant de Dieu sur terre. Il y a des imams, c'est-à-dire des personnes qualifiées qui président la prière et font des prêches le vendredi dans la mosquée. L'imam a une autorité morale mais ne joue pas le même rôle qu'un prêtre ou un rabbin. Mais comme les autres religions, l'islam a ses fanatiques, c'est-à-dire des gens qui ne supportent pas ceux qui ne pensent pas et ne croient pas comme eux. C'est une minorité. Hélas, elle est active et malfaisante ! Elle fait du mal aux musulmans et ensuite à ceux qui ne le sont pas. Les fanatiques agissent au nom de l'islam, mais souvent ce sont des gens soit analphabètes qui n'ont pas étudié les textes, soit des gens intelligents qui utilisent l'islam pour répandre leur propagande politique, c'est-à-dire leurs intérêts. Ce sont les fameux « semicultivés ». Comme a dit un poète tunisien, « l'islam a ses maladies ». Nous sommes en train d'en subir les effets. C'est ce qui nous ramène au début de cet entretien : les attentats contre les Américains qui ont eu lieu le 11 septembre 2001.

– Pourquoi ont-ils fait ça ?

– Parce qu'ils pensent que les Américains sont responsables du malheur de certaines populations arabes et musulmanes. Parce qu'ils ont été égarés par des chefs qui se prennent pour des justiciers. Parce qu'ils sont dans l'erreur et refusent de le reconnaître. Parce qu'ils ont été « travaillés » par ces mêmes chefs qui ont réussi à supprimer chez eux le doute et la pensée. Parce qu'on leur a dit que Dieu aime les martyrs et qu'il les récompense en les envoyant au paradis. Parce qu'ils n'ont pas reçu une éducation de tolérance en vue de respecter les idées et les cultures des autres. L'islam n'a jamais enseigné la haine, le crime et le suicide ; il les punit même très sévèrement.

– Que veut dire **martyr** ?

– C'est celui qui trouve la mort « sur la voie de Dieu ». Le martyr est le musulman qui meurt au nom de la foi dans le combat pour défendre l'islam quand il est attaqué, pour se défendre s'il est combattu en tant que musulman, ou pour libérer son pays d'une occupation étrangère. Deux mots arabes pour désigner un martyr : *fidâî* (celui qui offre sa vie) et *shahid* (celui qui témoigne). Dieu promet le paradis au martyr.

– **Talibans**.

– Le verbe arabe *talaba* veut dire « demander » ; un *tâleb* est celui qui réclame le savoir, l'enseignement. Le mot « talibans » désigne non pas des étudiants mais un mouvement qui se dit religieux. Il est né en Afghanistan et se caractérise par sa haine de la femme et de l'art. Ainsi, les talibans terrorisent les femmes, leur interdisent d'aller à l'école, de travailler dans une administration publique, de faire du sport, d'écouter de la musique, quand elles tombent malades elles ne sont pas soignées, ils tuent celles qu'ils jugent « immorales » en leur jetant des pierres, et enterrent vivantes les coupables de trahison conjugale... Ils ont des pratiques d'un autre temps : par exemple, le fait de couper la main aux voleurs ou d'exécuter dans un stade une personne condamnée à mort sans passer par un tribunal. Ils connaissent quelques versets du Coran, mais la plupart ne savent ni lire ni écrire. Et tout cela, ils le font au nom de l'islam !

– Ils sont fous !

– Oui, ils sont fous et dangereux, ignorants et barbares. Ils ne connaissent pas l'islam et sa civilisation. Si on les laisse faire, ils ruineront définitivement cette culture.

– C'est vrai que la peinture est interdite par l'islam ?

– Non, c'est faux. Ce qui est interdit, c'est de représenter Dieu ou le prophète Mohammed. On ne peut pas dessiner leur visage. Dieu est un esprit. Comment le représenter ? Quant à Mohammed, c'est son esprit qui est essentiel. On ne peut pas le visualiser. Mais on peut dessiner n'importe qui et n'importe quoi. En Perse, il y a une très belle tradition de peinture et de dessin, des enluminures qui ornent des manuscrits anciens.

– À présent, on comprend ! Il y a l'islam et puis il y a les musulmans. Certains ont compris le message du prophète, d'autres l'ont mal compris ou ont fait semblant de l'avoir compris et veulent revenir en arrière. Mais, dis-moi, est-ce qu'on ne peut pas changer des choses dans l'islam ?

– Nous vivons dans une époque moderne,

donc tu veux que l'islam soit adapté à cette vie moderne. Tu as raison. Ceux qui ont essayé de changer des choses dans le sens positif – par exemple améliorer la condition de la femme – ont rencontré beaucoup de difficultés. En islam, comme dans les autres religions, il y a des choses éternelles et d'autres passagères, c'est-à-dire valables pour une époque et pas pour toutes les époques. Le problème, c'est que certains disent que tout est éternel et rien ne doit bouger; les autres disent qu'on peut adapter cette religion à l'époque où nous vivons. On n'arrive pas à introduire la liberté dans certains pays musulmans, comment veux-tu toucher à la religion? Comme je te l'ai dit l'autre jour, le plus important, le plus urgent est de séparer la religion de la politique. Tant que ceux qui gouvernent s'appuieront sur la religion, nous aurons des problèmes et des maladies, comme le fanatisme et ce qui s'ensuit, c'est-à-dire le terrorisme et l'ignorance.

– C'est quoi?

– Comme les autres religions, l'islam n'est pas très favorable à ce que la femme soit l'égale de l'homme, même s'il lui garantit certains droits. Aujourd'hui, les sociétés musulmanes sentent le besoin d'évoluer. On oublie que Khadija, la première épouse du prophète, était une femme d'affaires, une commerçante faisant un travail d'homme. On peut se référer à son statut, à son rôle pour réformer la condition de la femme aujourd'hui. L'islam n'interdit pas les lois qui donneraient leurs droits aux femmes, mais les hommes ont peur d'établir une égalité de droits entre les femmes et eux. Seule la Tunisie a changé ses lois pour que la femme puisse mieux se défendre. En Arabie Saoudite, la femme n'a même pas le droit de conduire une automobile. Quant aux femmes afghanes, elles ont subi la loi la plus barbare, celle des talibans. Mais les talibans sont des gens qui n'ont rien compris à l'islam et qui l'ont défiguré, au point que toute la communauté musulmane en a souffert et continue d'en souffrir. Ils ont démoli des statues bouddhistes datant de plusieurs siècles et appartenant au patrimoine de la civilisation universelle.

– Que faire alors ?

– Lutter contre l'ignorance. C'est elle qui rend fanatique et intolérant. Il n'y a pas plus dangereux que celui qui ne sait rien et croit tout savoir. Heureusement que des femmes musulmanes s'organisent en associations pour réclamer leurs droits. Il y a beaucoup à faire pour arriver à une situation de justice.

– Comment lutter ?

– Il faut commencer par l'école. Il faut que les filles aillent en classe jusqu'au bout, refuser par exemple qu'elles soient retirées de l'école dès qu'elles atteignent l'âge de la puberté. Il faut par ailleurs que les pays arabes et musulmans revoient les manuels scolaires et les réécrivent en pensant à la tolérance, au respect des droits de l'homme et de la femme, en donnant des exemples de grands savants musulmans qui ont fait avancer la civilisation universelle, en supprimant de ces livres les exemples qui favorisent la fermeture d'esprit ou qui font croire à l'enfant qu'il est normal que l'homme frappe la femme, ou que la femme doive rester à la maison pendant que l'homme travaille, etc. Il faut que l'islam soit enseigné au même titre que les autres religions, et dire la vérité sur son expansion qui ne s'est pas faite sans guerres. Dire aussi que les temps changent et qu'on ne vit pas comme on vivait du temps du prophète. Autrement dit, tout en respectant le message de Mohammed, tout en croyant en Dieu, l'homme a le droit d'évoluer, c'est-à-dire de s'adapter à la vie moderne sans renoncer à ses croyances et à ses valeurs fondamentales. Il faut donner à l'élève tous les moyens pour qu'il se fasse sa propre opinion. C'est très important de donner la liberté à l'enfant pour qu'il ne soit pas influencé par telle ou telle religion. Autrement dit, il s'agit là d'un travail immense, mais il faut bien commencer. C'est ce que nous venons de faire. Avant de terminer cette conversation, je vous donne une liste de mots et vous me direz ce qu'ils ont de commun :

Par ordre alphabétique :

abricot, alcool, algèbre, algorithme, almanach, amalgame, ambre, amiral, amulette, artichaut, aval, avarie, azimut, azuré
baldaquin, banane, baroque, benjoin, benzine, bergamote, blouse
cabas, câble, café, calibre, camélia, camelot, camphre, carafe, caravelle, carrousel, chèque, chiffre, chimie, civette, coupole, cramoisi
dame, divan, douane, drogue
échecs, éden, émeraude, épinard, estragon
fanfare, felouque, fondouk
gala, gaze, gazette, girafe, guitare
hasard, haschisch
jaquette, jasmin, jupon
laque, lilas, limonade, luth
magasin, matelas, mesquin, mohair, momie, mousseline, mousson, mulâtre
orange, ouate
raquette, risque, riz, roque
saccharine, safari, safran, santal, saphir, satin, sofa, sorbet, soude, sucre
tabouret, taffetas, talc, talisman, tare, tarif, troubadour
x
zénith

– On ne comprend pas tous ces mots ; donc, on ne sait pas ce qu'ils ont en commun.

– Ils sont tous, et d'autres que je n'ai pas cités, d'origine arabe. Aujourd'hui, ils sont utilisés dans des langues latines et autres, et personne ne soupçonne leur origine.

– Le « x » aussi est arabe ?

– Curieusement, cette lettre n'existe pas dans l'alphabet arabe, mais les mathématiciens arabes appelaient une inconnue *chaï* (chose), en abrégé, *ch*. Or en vieil espagnol, le signe « x » correspond au son « ch ».

– Tu en sais des choses !

– Non, tous ces mots, je les ai trouvés dans le dictionnaire. Pour finir ce dialogue, je vous cite deux paroles du prophète Mohammed (ces paroles sont appelées *hadits*) : « Du berceau jusqu'à la tombe, mets-toi en quête du savoir, car qui aspire au savoir adore Dieu » ; « L'étude de la science a la valeur du jeûne, l'enseignement de la science celle d'une prière ». Ainsi, l'acquisition du savoir est considérée par le prophète comme étant aussi importante que les deux piliers de l'islam : le jeûne du Ramadan et la prière quotidienne.

RÉALISATION : PAO ÉDITIONS DU SEUIL
IMPRESSION : NOMANDIE-ROTO À LONRAI
DÉPÔT LÉGAL : JANVIER 2002.N°53625 (01-3122)